DAWN WATSON

A FORÇA QUE HÁ EM NÓS

CARO LEITOR,

Queremos saber sua opinião sobre nossos livros.
Após a leitura, curta-nos no facebook/editoragentebr,
siga-nos no Twitter @EditoraGente e visite-nos no site
www.editoragente.com.br.
Cadastre-se e contribua com sugestões, críticas ou elogios.
Boa leitura!

DAWN WATSON

A FORÇA QUE HÁ EM NÓS

Uma história que vai ajudá-lo a se reconectar com si mesmo, resgatar o amor-próprio e quebrar as dores do passado

Gente editora

Diretora
Rosely Boschini
Gerente Editorial
Carolina Rocha
Assistente Editorial
Juliana Cury Rodrigues
Controle de Produção
Karina Groschitz e Fábio Esteves
Preparação
Vero Verbo Serviços Editoriais
Projeto Gráfico e Diagramação
Vanessa Lima
Revisão
Entrelinhas Editorial
Capa
Marcos Gubiotti
Cinta
Vanessa Lima
Impressão
RR Donnelley

Rua Wisard, 305 – sala 53
São Paulo, SP – CEP 05434-080
Telefone: (11) 3670-2500
Site: www.editoragente.com.br
E-mail: gente@editoragente.com.br

Dados Internacionais de Catálogo na Publicação (CIP)
Angélica Ilacqua CRB-8/7057

Watson, Dawn
A força que há em nós : uma história que vai ajudá-lo a se reconectar com si mesmo, resgatar o amor-próprio e quebrar as dores do passado / Dawn Watson. – São Paulo : Editora Gente, 2018.
208 p.

ISBN 978-85-452-0216-5

1. Técnicas de autoajuda 2. Autorrealização 3. Felicidade 4. Watson, Dawn, 1988- I. Título

17-1799 CDD 158.1

Índices para catálogo sistemático:
1. Técnicas de autoajuda 158.1

Dedicatória

Quero dedicar este livro às pessoas que me inspiraram a ter coragem de quebrar o silêncio e viver na verdade. A todas as vozes que nunca foram ouvidas e a todas as histórias que nunca foram contadas. A todas as mulheres e todos os homens incríveis que viveram na comunidade Meninos de Deus, dedicando a vida a servir um propósito maior, pois, independentemente de toda a dor e todas as dificuldades durante a minha infância, também havia muito amor lá. Eu devo o que sou hoje a todas as pessoas incríveis que me criaram e me amaram, fazendo o melhor que podiam com o que tinham.

Eu dedico este livro à linda alma que um dia foi o meu pai, amigo e anjo. Ele acreditava que, mesmo com toda a dor que eu carregava, havia algo bonito sob tudo isso, algo que tinha o poder de não somente curar minhas feridas, mas também de curar a dor em outras pessoas. Seu amor liberou em mim um sentimento que viverá para sempre em minha vida.

Gostaria também de dedicar esta obra à minha mãe maravilhosa, que, pelo próprio exemplo de resiliência e amor, ensinou-me sobre perdão e força. Eu sei que a minha dolorosa trajetória nunca poderá ser comparada à dor que essa mulher passou, sendo que nunca vi em seus olhos ódio, ressentimento ou necessidade de justiça. O amor e a compaixão dela me fazem uma pessoa melhor a cada dia que passa. Se ela conseguiu passar por tanta dor sem nunca parar de acreditar e de amar, então eu também consigo...

E por último, mas não menos importante, a outra alma maravilhosa, Tony Robbins, que me proporcionou um lugar seguro para me curar, que me amou e me deu força para encontrar minha coragem e voz novamente.

A vida sempre nos dá anjos que não foram feitos para caminhar por nós, muito pelo contrário, o propósito deles é acompanhar-nos a distância e enviar todo o amor e esperança que precisamos para nunca desistirmos.

AGRADECIMENTOS

Quero agradecer à vida por todos os presentes dolorosos que eu recebi, todos os obstáculos, todas as lágrimas, todas as noites sozinha e todas as cicatrizes que hoje fazem parte da minha história. Porque cada uma dessas marcas me fez entender sobre o que realmente é a vida. Elas me trouxeram um conhecimento profundo que eu nunca teria se não fosse pelos momentos de dor que enfrentei.

Hoje, entendo que até as sombras e a escuridão têm um propósito, e eu lhes dou boas-vindas em minha vida.

Sou muito grata pelos amigos que tenho, eles acreditaram em mim, aceitaram-me por quem eu realmente sou e ficaram ao meu lado nos momentos mais difíceis. Eles se tornaram a minha família e são parte da minha jornada de cura para voltar para meu lar, meu eu verdadeiro.

E obrigada a todos aqueles que vieram até mim depois do documentário, todo o amor e a confiança que vocês tiveram em mim foram inacreditáveis. Isso me elevou quando estava me sentindo lá em baixo, e me deu a força necessária para continuar sendo autêntica e verdadeira.

Sou verdadeiramente grata a você que dedicou seu tempo para parar e ler a minha história. Espero que possa inspirar e ajudar você da mesma maneira que me ajudou. Ser capaz de compartilhar minha vida com você me dá sentido e propósito, então saiba que, toda vez que vir um sorriso em meu rosto, você é parte do motivo pelo qual o amor e a alegria encontraram seu caminho de volta à minha vida.

Sou muito grata a Deus, que encontrou uma maneira para me mostrar o que o amor realmente é e usou cada dificuldade para me ensinar o caminho do perdão e da compaixão.

Agradeço também a força da minha alma, que sempre brilhou no escuro lembrando-me de que eu tinha tudo o que eu precisava bem ali, dentro de mim.

Não poderia deixar de mencionar o imperfeito ser humano chamado Dawn Marie Watson, que cometeu tantos erros e machucou tantas pessoas com suas sombras e dores. Porém, ela a cada dia me ensina a aceitar até essas sombras, porque elas me ajudam a crescer e me tornar um ser humano melhor. Ela me lembra do que eu sou feita e mantém meus pés no chão toda vez que me sinto confiante demais. Ela me ensina que sempre vou ser uma aluna nesta vida e sempre haverá algo novo para aprender e desenvolver.

Jamais esquecerei o dia em que sentei na frente do computador, e ao assistir o video do filho dos criadores da comunidade onde nasci, Ricky Rodriguez, chorei por horas, pois ao se ver consumido por tamanha dor, decidiu tirar a própria vida, num ato extremo de pedir ajuda. Ele disse que não importava o que você viveu na comunidade, se você se sentiu mal ou não, é nossa responsabilidade quebrar o silêncio.

Naquele dia eu prometi a mim mesma que aprenderia como me curar, eu precisava achar outra saída e, quando fizesse isso, ajudaria a espalhá-la e faria tudo o que pudesse para acabar com a dor para que mais nenhuma vida fosse tirada. Nunca tive a oportunidade de conhecer Ricky Rodriguez pessoalmente, e tudo o que sabia sobre ele quando era jovem, quando ele morreu, foi que estava "cheio de demônios" e que Deus, de alguma forma, o punia. Aquele doce menino podia ter qualquer coisa, menos ter demônios. Ele era apenas um menino cheio de feridas profundas tentando desesperadamente achar um caminho para a cura. Tenho muito respeito por ele... sua vida não foi em vão.

Ele despertou tudo isso em mim, foi o primeiro a quebrar o silêncio mesmo não sabendo como parar a dor. Então, hoje eu mantenho a minha verdade com coragem e força, e faço isso por você, faço isso pelas milhares de vozes que nunca foram ouvidas e faço isso por mim também.

É hora de quebrar o silêncio e curar a dor... Ricky, se de alguma forma puder me ver, saiba que você foi visto, você foi ouvido, você foi amado e eu o levarei comigo aonde quer que eu vá.

Que desta vez, o amor vença!

SUMÁRIO

INTRODUÇÃO

Meu coração batia forte quando percebi o que acabara de fazer... Lá estava eu, de pé, no meio de milhares de pessoas que eu nunca havia visto na minha vida, em uma sala cheia de câmeras, enquanto um homem gigante caminhava na minha direção, pois eu havia acabado de admitir publicamente que era suicida. Com minhas mãos suadas, eu juntei forças para me levantar, mas agora não tinha ideia do que de fato iria fazer ou dizer.

Eu não precisava que ele me consertasse, porque sabia que não estava quebrada, não queria nenhum conselho de um coach ou de um guru para guiar o caminho da minha vida, uma vez que eu tive isso por tantos anos. Sendo assim, por que eu me levantei? Esses e outros mil pensamentos corriam pela minha cabeça enquanto esse homem se aproximava cada vez mais...

Olhando para ele, tudo o que eu pude dizer quando me perguntou por que eu estava tão triste era que eu estava cansada, mas, assim que ele me confrontou dizendo que de alguma forma eu não estava sendo sincera, algo em mim mudou. Do medo encontrei a coragem que eu mantive incubada por tantos anos, uma coragem que existia por trás do medo do julgamento e da rejeição.

Eu chegara a um momento da minha vida em que manter o silêncio, minha boca fechada, tornara-se mais doloroso do que manter todos os segredos do meu passado dentro de mim, com medo dos julgamentos dos outros.

Em dezembro de 2014, descobri pela primeira vez o que era a verdadeira liberdade interior. Sem pensar duas vezes, finalmente deixei tudo sair, as cargas pesadas de dor do meu passado que eu carregava havia tantos anos. A verdade sobre crescer dentro de uma comunidade sexual religiosa, a dor do meu constante abuso e estupro e, acima de tudo, a necessidade de ser vista como eu realmente era e não precisar me esconder mais sob uma identidade que só me trouxe sofrimento.

Então, foi aí que algo incrível aconteceu... Em uma sala repleta de milhares de pessoas de todas as etnias, culturas e religiões, ninguém expressou vergonha ou me julgou sobre o que viu e ouviu. Muito pelo contrário, todas aquelas pessoas se aproximaram de mim pelo amor. Eu fui vista pela primeira vez, fui ouvida pela primeira vez e uma sala cheia de estranhos se tornou minha família – pessoas em quem eu podia confiar e com quem podia contar.

Eu fui a esse evento com a intenção de encontrar alguma ajuda para mim e para aqueles que amava, e a vida foi tão generosa que me deu mais do eu que poderia pedir.

No entanto, eu mal sabia que um dia esse momento de coragem exigiria ainda mais de mim quando o evento se tornasse um documentário e minha vida e a verdade estariam expostas ao mundo. Na realidade, tornou-se um documentário de grande sucesso da Netflix, algo que eu jamais poderia imaginar quando me levantei naquele salão cheio de gente.

Veja só, vivemos em um mundo que às vezes pode ser bastante crítico e hostil. Um mundo cheio de seres humanos, assim como você e eu, que percebem as coisas através dos olhos das próprias dores e experiências. Mesmo que não desejemos julgar, parece que às vezes é mais forte do que nós, e nos pegamos questionando as pessoas. "Eu nunca faria algo assim", "Que comunidade terrível!", "Provavelmente era cheia de pessoas terríveis e monstruosas" ou "Duvido que essa fosse a verdade", "Eu vivi as coisas de maneira diferente, então ela está mentindo".

Recebi todos os tipos de mensagens depois do documentário e, no início, era muito difícil lidar com isso, senti-me julgada e vi pessoas que amo enfrentar os mesmos desafios, no entanto, tomei uma decisão. Em vez de me esconder e voltar à bolha de silêncio para agradar aos outros, agora falaria mais alto, mas desta vez eu ia orientar as pessoas. Não só pelo meu caminho de dor, mas para ajudá-las a ver os caminhos do amor e da cura que encontrei através da minha dor.

Para mim, este livro é como uma janela para a minha vida, uma chance de continuar o que um dia eu comecei, uma jornada para viver em um espaço de autenticidade, vulnerabilidade e verdade. Estou ciente de que a "verdade" é muito única, cada um tem a sua. Passamos pela vida e a experimentamos de maneira que ninguém realmente pode entender ou perceber até tomarmos a atitude de lhes dar esse presente, um vislumbre do nosso mundo, pelo qual conseguem ver tudo através de nossos olhos, para que possam sentir e experimentar a beleza disso. Alguns apreciarão esse presente, outros o jogarão fora. Contudo, isso não depende de nós, e viver com medo do que os outros farão com o seu presente faz de você um prisioneiro em seu próprio mundo.

EU FUI VISTA PELA PRIMEIRA VEZ, FUI OUVIDA PELA PRIMEIRA VEZ E UMA SALA CHEIA DE ESTRANHOS ME DEU UMA FAMÍLIA – PESSOAS EM QUEM EU PODIA CONFIAR E COM QUEM PODIA CONTAR.

Este livro é uma chance de contar minha história para você, mas não de fazer um estudo focado sobre comunidades religiosas ou sobre o Children of God, em português, Meninos de Deus,[1] a comunidade religiosa em que nasci. Se você quiser saber mais sobre a comunidade, existem ótimos livros e sites de referência – mas esta é minha história para você, tem um propósito de cura e pretendo ficar focada nisso. Nesta jornada, peço-lhe que deixe de julgar, porque na vida todos nós machucamos e somos feridos em algum momento. A chave para ser livre é se abrir em relação à dor que você está carregando.

Já me fechei antes e é doloroso, então, hoje acolho essa liberdade com braços abertos e compartilho com você os detalhes da minha viagem de volta para o meu lar, o lar do amor que existe dentro de cada um de nós. Tenho 28 anos agora, mas vivi uma vida que parece de cem anos... Enfrentei algumas das tempestades mais sombrias da existência. Formei-me na arte do perdão, porque a vida sempre foi

1 Se você quiser saber mais sobre a vida dos Meninos de Deus, recomendo o livro de Kristina Jones, Celeste Jones e Juliana Buhring, *Not without my sister* [Não sem minha irmã] (Harper Element, 2013). (N.A.)

muito generosa quanto à quantidade de experiências dolorosas que atravessei, assim como às pessoas que precisei perdoar, incluindo eu mesma.

Fui gravemente machucada, mas também machuquei muitas pessoas. Sei como é o sentimento de ser roubado de si mesmo e os danos da manipulação mental religiosa. Conheço o sentimento de nunca ser suficientemente bom, não importando o que você faça, ou o quanto se esforce, você simplesmente nunca se encaixa de verdade. Carreguei as cicatrizes de abuso e estupro. Não no meu corpo, porque essas desaparecem depois com o tempo, mas as feridas em minha psique emocional que construíram paredes tão altas ao meu redor com a intenção de me proteger para nunca mais ser machucada. Essas mesmas paredes se tornaram minha prisão, e ninguém jamais poderia me alcançar. Assim percebi que havia perdido meu caminho, mal me reconhecia...

Lar, esse lugar seguro para o qual eu adorava ir quando era apenas uma criancinha, onde tudo era possível, e eu podia criar o mundo que eu desejasse dentro de mim, mas que em um piscar de olhos, eu perdi o caminho e tudo desapareceu...

Hoje ainda tenho muito a aprender e sei que estou apenas começando a entender a beleza dos mistérios da vida. Mas uma coisa eu sei, a dor é inevitável, não posso controlá-la por fora e muito menos por dentro. Há, porém, uma maneira de não viver uma vida de sofrimento, culpa e vergonha e foi assim que percebi a dor, a relação que tive com ela e como permito que ela funcione através de mim.

HOJE AINDA TENHO MUITO
A APRENDER E SEI QUE
ESTOU APENAS COMEÇANDO
A ENTENDER A BELEZA
DOS MISTÉRIOS DA VIDA.

Você pode permitir que a dor o destrua; pode tentar fugir dela, adormecer para a vida ou pode vê-la como um presente, que o conecta à sua grandeza e ao seu propósito, lar de todo amor e alegria.

Não acredito que a única maneira de crescer e evoluir seja através da dor, mas se ela se apresenta com tanta frequência em nossa vida, por que não encontrar mecanismos para reciclá-la e permitir que nos impulsione à grandeza? Eu tinha todas as desculpas para ser uma vítima e me esconder atrás da dor, mas aonde isso me levaria? O que isso diria sobre mim? Na minha vida, eu escolho retomar o poder que eu tinha dado aos outros, escolho criar um futuro de liberdade e amor e o único jeito para fazer isso é não me esconder de minha história e do meu passado, nem me envergonhar disso.

Entendi que nada poderia ser jogado fora, toda experiência, cada momento doloroso poderia ser usado como combustível para me guiar de volta para o meu lar, de volta para mim, o Eu antes de toda a dor. O Eu que amava a vida, que acreditava nela e confiava que tudo ficaria bem no final. Que mesmo que este mundo parecesse assustador e desconhecido, eu estava sendo cuidada e que "ser boa o suficiente" não era algo que eu precisasse fazer para merecer esse reconhecimento. Eu nasci suficiente, nasci amada, fui feita pelo amor e esse era meu direito de nascença, e nada que eu pudesse fazer mudaria isso.

Então convido você a ver a dor e as dificuldades da vida através de lentes diferentes. As que me ajudaram a transformar a minha vida. Convido você para uma viagem às minhas maiores tempestades, mas também aos mais incríveis alvoreceres. Convido você a testemunhar a magia que acontece quando finalmente entendemos e experimentamos o perdão, e estou tão grata a você, porque se parou para pegar este livro e separar um tempo de sua vida ocupada para lê-lo, é porque também é um questionador, que busca parar o sangramento por dentro. E lhe garanto que, até o final deste livro, algo mudará dentro de você. E a vida não parecerá mais tão pesada, porque você descobrirá o caminho de volta ao seu lugar seguro, você terá encontrado a chave perdida, que lhe dá acesso ao seu lar. Nesse lugar você saberá que não pode controlar o que acontecerá com você ou com as pessoas que ama, mas sempre terá tudo de que precisa, bem dentro de si, para se levantar, começar de novo, recuperar o poder e se tornar o autor da sua vida. E, sim, as cicatrizes são apenas a prova viva da sua capacidade de se curar. Nada do que se envergonhar.

Somos todos heróis, todos temos uma história e quanto mais a partilhamos, mais deixamos que outras pessoas vejam a beleza que está além das paredes do nosso coração.

O caminho da borboleta é extraordinário, representa nossa jornada de transformação e crescimento, ele nos ensina o que realmente é a confiança. Então, comece-o...

Com muito amor,
DAWN WATSON

SOMOS TODOS HERÓIS, TODOS TEMOS UMA HISTÓRIA E QUANTO MAIS A PARTILHAMOS, MAIS DEIXAMOS QUE OUTRAS PESSOAS VEJAM A BELEZA QUE ESTÁ ALÉM DAS PAREDES DO NOSSO CORAÇÃO.

antes de começar...

Todos nascemos com desafios específicos pelos quais, de alguma forma, parte de nós sabia que teria de passar. No entanto, com esses desafios, também fomos dotados de ferramentas que nos ajudariam a vencer cada batalha interna.

Nosso criador sabia que existiriam noites escuras, que seria difícil enxergar e às vezes perigoso, então ele colocou uma luz dentro de nós, que nenhum vento poderia apagar, e certificou-se de que ninguém poderia roubá-la, e ele a chamou de... Alma.

Ele nos deu essa bela experiência chamada vida, e nos deixou fazer o que queríamos com ela, mas ele sabia, por causa da nossa expressão imperfeita como seres humanos, que geraríamos muita dor, tanto externa quanto interna. Por isso, ele sabia que ficaríamos perdidos na dor. Esquecendo nossa luz, esquecendo o nosso valor e, no final, distanciando-nos de quem somos realmente, do que somos feitos, da nossa força e até de quanto somos amados.

E então, ele usou toda a Dor que geramos e transformou-a em um útero, chamando-o de Casulo.

Ele tomou a escuridão e transformou-a em luz. Ele deu propósito a essa dor e, como o útero de uma mãe, transformou as situações dolorosas da vida em uma passagem para a cura.

O mesmo veneno que poderia matar, ele transformou em antídoto, o remédio para combater os efeitos do veneno. Ele tanto poderia matar como curar, dependeria de nós, estava dentro de nós e para acessar essa cura teríamos que aprender a CONFIAR, confiar no ciclo da vida.

Confiar que a vida está trabalhando a nosso favor. Confiar que não estamos sozinhos e que temos tudo de que precisamos para nos curar, bem dentro de nós. Entretanto, para acessar isso, teríamos de deixar o ciclo do casulo e da dor completar seu propósito em nossa vida.

Soltando toda a pele velha e danificada, permitindo que a dor nos leve de volta ao nosso lar, um lugar de entrega e confiança. Permitindo-nos cuidar de um útero quieto e amoroso, onde todas as nossas feridas possam ser curadas e, por meio do processo de perdão, poderíamos entender nossas verdadeiras capacidades para ver além do nosso ego e de nossa mente limitados e sentir amor incondicional. Tudo isso só é possível quando extraímos o amor da nossa fonte, da nossa alma.

E, por último, mas não menos importante, ele nos deu uma chave, a chave para nossa vida. Só nós poderíamos acessar os dois mundos que vivem dentro de nós. A chave que abriria todas as portas do amor interior, a chave que dava acesso ao nosso lar, nosso lugar seguro. A chave que poderia desbloquear nosso potencial, nosso propósito e nossa alegria. Certificando-se de que nada no mundo exterior tivesse o poder de entrar nesse lugar, ninguém poderia roubá-lo, porque nós éramos os guardiões da chave, tínhamos o poder sobre nossa própria vida e ninguém tinha acesso a ela.

Essa chave era tão poderosa que nos deu livre acesso ao submundo, aos lugares escuros dentro de nós mesmos, e isso nos permitiu ir e vir sem ficarmos presos. Podíamos passar o tempo em ambos os mundos, aprendendo e explorando todos os quartos em nosso lar. Tudo o que nos fez quem somos. Nossa luz e nossa escuridão.

Como crianças, nunca tivemos medo de nossa escuridão, muito menos de nossa luz. Não nos envergonhávamos de roubar e fazer coisas inadequadas, e nós não nos importávamos com o que as pessoas pensavam enquanto corríamos nus, pulando na lama, fazendo o maior barulho enquanto ríamos com o máximo de nossa voz e simplesmente nos divertíamos. Adorávamos explorar a nossa imaginação, criar histórias e viver dentro delas. Explorávamos nosso corpo e nossa capacidade de sentir, desfrutando os prazeres da nossa sexualidade em sua forma mais pura e profunda, sem culpa nem vergonha. Tínhamos a chave, poderíamos ir e vir quando desejássemos. Sabíamos que a vida era pequena demais para nós, éramos os reis e as rainhas e a vida nos servia.

Isso tudo, porém, veio ao chão quando deixamos alguém roubar essa chave, e a dor bateu forte, alguém arrombou a porta e invadiu nosso lugar seguro. Machucaram-nos tão profundamente, despedaçaram-nos de maneiras que pareciam irreversíveis. E naquele momento, esquecemos do que fomos feitos, esquecemos quem éramos. Demorou algum tempo, até que finalmente nos convencemos de que não éramos mais dignos de ser os detentores da chave, ficamos com medo de que fosse nossa culpa, de que não fôssemos fortes o suficiente. Como pudemos ter deixado isso acontecer? E, assim, acabamos entregando nosso poder, nós demos a chave para a mesma pessoa que nos feriu; "o mais forte sempre vence", pensamos e deixamos que nos trancassem em uma prisão interna.

Presos em nossa própria escuridão, não conseguíamos enxergar nenhuma luz. Sabíamos que em algum lugar lá dentro nossa luz ainda vivia, mas, agora, sem a chave, parecia quase impossível acessá-la novamente.

Dias, meses e anos se passaram, e agora aquela criança feliz tornou-se um adulto. Ele encontrou um modo de transformar a cela escura em seu lar. Ele pintou com cores vivas para que ninguém percebesse, aprendeu a viver sob essas condições de medo e vergonha. Ele mesmo se proclamou o "rei da escuridão" e usou isso de maneira que as pessoas o adorassem e o aceitassem. Mesmo que a piedade não fosse algo que ele quisesse receber, pelo menos isso lhe trazia algum senso de atenção e amor.

Ele usou sua prisão como desculpa para não precisar sair e se divertir mais porque, afinal de contas, ele estava trancado, e não tinha mais a chave nem o controle sobre sua vida. Ele deixou que as circunstâncias definissem quem ele era e o que sua vida seria dali por diante. Ele fez dessa prisão seu lar e sua escuridão, sua sentença permanente.

Um dia surgiu uma grande tempestade que sacudiu toda a estrutura dessa casa. Parecia que era o fim. O homem pensou, "desta vez não vai restar nada, nem mesmo a minha vida". Nada ficara no lugar, as coisas estavam sendo jogadas de um lado para o outro, agora, mesmo a casa que ele havia construído estava em pedaços. Tudo fora do lugar, água entrando pelo teto, pelas calhas e pela porta. A água veio derrubando as paredes e começou a inundar tudo.

Você já se sentiu como se o mundo caísse sob seus pés, como se não tivesse mais nada, nada para esperar, nada para sonhar, ninguém para amar? Sentindo-se como se você tivesse sido roubado de si mesmo, como se tivesse chegado tão longe de quem você é, que, seja lá o que você visse no espelho, não podia mais se reconhecer? Você já sentiu como se não importasse o que você fizesse, não poderia reparar o dano causado a você?

A vida, em certas ocasiões, traz as maiores tempestades no nosso caminho, não para nos destruir, mas para derrubar as paredes que construímos para nos proteger de sermos machucados de novo. O problema é que não percebemos que essas paredes se tornaram nossa prisão e agora são a causa de toda nossa dor e todo nosso sofrimento. E às vezes precisamos de algo para agitar aquilo a que nos acostumamos para que possamos perceber a bagunça em que estamos.

À medida que as águas lavavam tudo, o homem percebeu que a porta agora estava aberta, e ele podia se afogar naquele quarto escuro ou nadar como um homem livre e recuperar o que era dele. Ninguém poderia fazer essa escolha por ele. A vida tinha vindo lembrá-lo de que o mesmo que vem e traz dor também é a porta para a liberdade e a cura. A chave nunca foi tirada dele, ele só desistiu dela por acreditar que não era digno de tê-la.

Muitas vezes na vida, em nossos relacionamentos, acabamos desistindo de nossa chave, deixando-a para alguém que não sabe fazer bom uso dela. Deixamos que outro assuma, coloque coisas e retire-as do nosso lugar seguro, do nosso lar, sem nossa permissão. Tornamo-nos cegos a isso, chamando-o de amor, paixão, admiração e fé. Nós nos apaixonamos, conhecemos um grupo incrível, seguimos um líder espiritual e todos parecem tão gentis, muito mais fortes que nós e mais capazes de viver a vida, então, em vez de compartilhar essa experiência, aprender e crescer com essas pessoas, acabamos dando-lhes total acesso à nossa vida. Damos a eles muitas vezes mais do que nos pediram. Deixamos a verdade deles se tornar a nossa verdade, os pensamentos, as crenças e as palavras deles se tornarem nossos, e nos perdemos de vista. Confundimos abuso, controle e posse com amor. Desejamos tão terrivelmente pertencer a algo, que não nos importamos em abrir mão da posse de nossa própria vida, de nossa chave. Ninguém nem nada podem tirar de nós o que não estamos dispostos a entregar.

continua...

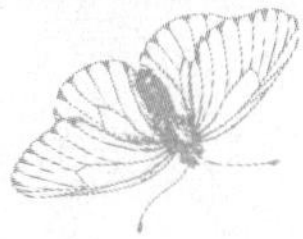

CAPÍTULO 1

o casulo

Se você assistiu ao documentário da Netflix *Tony Robbins: Eu não sou seu guru* ou até mesmo procurou meu nome na internet, já sabe que passei por muita coisa nestes 28 anos.

Nascer em uma comunidade religiosa cheia de manipulação mental, com o abuso como parte de nossa vida cotidiana e com uma filosofia mascarada como "amor", faz você se perguntar como Deus poderia deixar isso acontecer com você e tantos outros.

Aprendi que o amor não era mais do que uma doação total de todo o seu corpo, alma e mente. Que Deus queria isso de nós e não menos. A entrega total a ele e a todos os homens que atravessassem meu caminho.

Ensinaram-me que a sexualidade era nossa maior arma e, se a usássemos bem, poderíamos mudar o mundo e fazer dele um lugar melhor para viver. Ensinaram-me que a melhor coisa sobre nós era esse tipo de amor que oferecemos. "Não há amor maior do que este, em que você oferece sua vida pelos irmãos", eles diriam.

Oferecer meu corpo, mente e alma.

Essas crenças só me trouxeram sofrimento e dor. Despojaram-me do meu amor-próprio e do meu orgulho. Fizeram eu me sentir vulnerável e desprotegida.

Essas crenças me transformaram em uma fonte de energia sexual que me causou muita dor e perda. Perda após perda. Essas crenças fizeram que eu me conformasse que só era boa para isso, meu propósito e meu maior valor eram um instrumento sexual aos olhos dos homens e de Deus, nada mais, nada menos. Transformou-se em minha maneira de me sentir amada e importante.

Crescer nos Meninos de Deus (MDD) definitivamente não era a infância comum. Meu mundo estava cheio de estranhos que se tornaram minha família, tios, tias, até mães e pais. Todos nós éramos uma grande família, mas não havia um verdadeiro senso de segurança e proteção. No nosso dia a dia, a vida era mais ou menos assim: todas as manhãs eu era acordada pelos missionários (ou tios e tias como eles nos pediam para chamá-los), cantando canções de louvor. Todos sempre pareciam tão felizes e empolgados por estarem vivos. Sempre houve música, fortes abraços de manhã seguidos de "Eu te amo", "Jesus te ama"! Nós dormíamos em grandes quartos cheios de beliches, o que era realmente um privilégio, pois muitas outras comunidades apenas tinham colchões que preenchiam os quartos.

Todos almoçávamos juntos, depois alguém lia a Bíblia ou as cartas de David Berg, fundador dos Meninos de Deus. David tinha uma equipe de artistas que traduzia suas crenças e suas regras em uma revista infantil, que tinha muitas imagens diferentes e era muito bem ilustrada de maneira que nossas pequenas mentes podiam entender e assimilar os conceitos. Depois do nosso café da manhã, tínhamos nossas tarefas diárias de limpar a casa e cozinhar para todos os membros da comunidade. Cada casa era diferente e nos mudávamos quase todos os meses, mas a quantidade média de pessoas vivendo juntas era de cerca de trinta a cem, contando todas as crianças.

Depois das tarefas, tínhamos nossos estudos bíblicos, nos quais aprendíamos tudo sobre o Antigo e o Novo Testamento. Eles nos diziam que, como os discípulos, estávamos trazendo de volta o desejo mais profundo de Deus, de viver juntos e ter tudo em comum. E era assim que vivíamos. Nada era meu, nem minhas roupas, nem meus brinquedos, nem meus pensamentos, nem minhas escolhas e decisões, nem meu corpo, nem minha mente. Tudo estava destinado a servir uma causa maior que eu nunca poderia realmente entender.

Em nossas revistinhas de crianças, aprendemos sobre David Brandt Berg, o fundador da comunidade. Elas eram preenchidas com uma imensa variedade de assuntos que logo se tornariam minhas crenças. Eram divertidas e muito bem ilustradas, mostravam fotos e desenhos da casa de Berg, suas crianças e esposas nuas e histórias de sua família real. Aprendi que ele era o homem que salvou a vida de minha mãe e a vida de todos os meus tios e tias.

Eu vi o amor, a admiração e a dedicação que eles tinham com Berg. Eles o chamavam de pai e, consequentemente, ele se tornou nosso avô e pediu que fosse chamado assim. Aprendi que nasci em um grupo de pessoas muito seleto que Deus escolheu como o grupo ungido e de elite. Usufruíamos do privilégio de ser os únicos que não só teriam a vida eterna, mas se tornariam os criadores de um mundo novo, o mundo por vir. O mundo em que vivemos agora não era senão destruição e governado pelo próprio diabo.

Desde muito jovem, minha mente estava sendo moldada para que eu fosse a discípula perfeita, uma seguidora destinada a nunca abandonar a causa. Como eu poderia fazer isso? Não sabia que havia algo melhor, não tinha opção. Minha mente não podia sequer contestar toda essa informação, eu não tinha ideias ou realidades opostas para criar conflitos. Esse era o meu mundo e Berg o governava. Ele era o rei, a sombra de tudo o que fazia parte do meu mundo, dos alimentos que comíamos, das músicas que ouvíamos e dos livros que líamos.

Nossa imagem e nosso conhecimento de Deus e amor, nossa noção do mundo "lá fora" e nosso papel nesta vida, tudo era governado por ele.

Berg acreditava que o mundo acabaria e que nós, os filhos, a segunda geração, éramos os guerreiros do fim dos tempos. Nós fomos escolhidos por Deus para morrer por sua causa. Deus destruiria o mundo do mal e nossa responsabilidade era ajudar a salvar as almas que acreditavam n'Ele e aceitar a vida eterna. Todos os dias líamos, assistíamos e nos preparávamos para o fim do mundo.

Tanto quanto consigo me lembrar, essa foi a crença mais terrível para mim. Estávamos sendo preparados e tínhamos a responsabilidade de nos dotarmos espiritualmente das ferramentas necessárias para estar prontos para dar nosso corpo e nossa vida a essa causa.

DESDE MUITO JOVEM, MINHA MENTE ESTAVA SENDO MOLDADA PARA QUE EU FOSSE A DISCÍPULA PERFEITA, UMA SEGUIDORA DESTINADA A NUNCA ABANDONAR A CAUSA.

Eu era tão jovem, minha vida estava apenas começando, no entanto, o fim já havia sido previsto. Ao ler suas cartas, Berg falava muito sobre uma mulher que se chamava

A Menina do Céu. Ela era a super-heroína do nosso mundo, que Berg controlava enviando cartas para todas as comunidades com as histórias, os ensinamentos e as recomendações sobre como deveríamos viver e no que deveríamos acreditar.

A Menina do Céu logo se tornaria minha heroína e a mais forte crença. Ela era um personagem que Berg inventou para nos ajudar a entender o poder da sexualidade e do amor de uma mulher, que poderia desarmar o próprio diabo e derrotar todo o mal.

Ela tinha os cabelos escuros e compridos que quase tocavam o chão. Estavam sempre trançados e eram usados como arma. Ela era muito sexy e estava sempre nua com corações cobrindo suas partes íntimas.

Virando as páginas dessas revistas, adorava ver a maneira como ela superava o mal e tinha superpoderes. Ela daria seu amor e seu corpo à causa e, portanto, não morreria. Tinha cerca de 15 anos e passou por terríveis experiências chegando a ser perseguida pelo anticristo, mas, ao ser violada por alguns guardas, em vez de resistir, ela ofereceu seu amor para esses homens. Ali, eles foram convertidos e depois resgataram-na, salvando sua vida.

Berg estava nos ensinando que o abuso e o estupro não eram ruins, só se tornavam ruins quando feitos por meio da violência. "Para aquele que é puro, tudo é puro", ele diria. Comecei a entender que a maior arma que eu tinha para me proteger era a minha sexualidade e, se eu a desse livremente, eu me manteria segura.

Quando criança, ao ler os livros que falavam sobre *Flirty Fishing*[2], na verdade não entendia nada sobre o que realmente era, mas isso eu entendi. Aprendi que o meu maior poder para vencer o mal, a morte e o medo que os acompanhava era dar meu corpo e "amar". Minha sexualidade era a minha maior virtude, dada por Deus, não só para salvar-me do mal, mas para ser honrada e privilegiada aos olhos d'Ele. Aprendi que essa era a única maneira de expressar verdadeiramente meu amor e minha dedicação.

Vivíamos em casas grandes, cheias de fãs delirantes, discípulos dedicados a um homem que, aos olhos deles, era a conexão mais íntima com Deus.

Não havia absolutamente nenhum espaço para mentes que questionavam, nenhum espaço para a desobediência e, se isso acontecesse, eles se certificariam de que

2 Nome usado para definir a prática sexual que as mulheres na comunidade deveriam exercer a fim de trazer novos convertidos à comunidade. (N.E.)

voltássemos ao nosso lugar muito rápido. Surras não eram algo ruim aos seus olhos. Deus nos castigava porque Ele nos amava. Tudo, é claro, tinha de ser justificado pelo "amor". Quando dizíamos qualquer coisa que ia contra as palavras de Berg, éramos punidos de maneiras diferentes, como ter nossa boca lavada com sabão ou tampada com fita adesiva, ser espancados com diferentes objetos, como colheres de metal, vassouras de madeira ou apenas com a mão, se sua ação não fosse tão grave. Não consigo me lembrar de todas as coisas "ruins" que fiz, mas posso me lembrar de todas as surras. Um dia depois de receber uma sova que parecia durar para sempre, olhei para mim mesma no banheiro, meu bumbum estava completamente ferido. Eu estava tão brava, "como eles podem dizer *eu te amo*, como isso pode ser amor?". Essa foi a primeira vez que comecei a me perguntar e a questionar o que realmente era o Amor.

Na maioria das vezes meus tios e minhas tias eram muito gentis comigo. Eles me ensinaram sobre Deus e amor. Como Jesus havia morrido na cruz e passou por tanta dor para que eu pudesse ter a vida eterna. Tivemos momentos em que todos se uniram para louvar a Deus e eu me sentia muito bem. E, então, as mesmas pessoas que me abraçaram, que me amaram, mais tarde me machucariam. Era como se Deus e o amor viessem com um preço.

Eu era posse dele, cada pensamento e cada ação, e a única maneira de experimentar verdadeiramente seu amor era através da dor. Eu me sentia presa por um acordo que eu não tinha feito, sentia que isso era injusto, como se Ele fosse o único que se beneficiasse disso. Eu não tive a opção de amar ou não, dar minha vida ou não, obedecer ou desobedecer. Não havia escolha, eu nasci como um produto daquele mundo onde precisava confiar e seguir um homem que ditava toda a minha vida, eu não poderia simplesmente discordar dele, eu não podia não amá-lo. Meu amor e minha dedicação eram necessários e tratados como um pré-requisito. Não eram meus para dar. Deus morreu por mim, portanto, eu já estava em dívida com Ele. E teria de gastar o resto da minha vida pagando por ela.

Crescer no MDD tinha coisas ruins e boas, e isso trazia muita confusão interna. Aprendi ainda muito jovem a ser responsável. Eu tinha de aprender a cuidar dos bebês, trocar as fraldas e ensinar-lhes a ler. Aprendi a cozinhar, limpar, desenhar, dançar e cantar. Tivemos muitas aulas de artes e ofícios diferentes das quais eu gostava muito. Berg queria que nós estivéssemos bem capacitados nessas áreas para podermos apoiar o crescimento das comunidades. Outras coisas, porém, como a educação formal e a noção do mundo exterior, não foram algo a que eles deram muita atenção. Lembro-me de algumas comunidades que, à medida que eu cresci, começaram a me ensinar um pouco mais de História, Matemática e coisas básicas. No entanto, durante a maior parte da minha infância, eu não tinha ideia de mais nada além do que Berg me apresentou. Eu quase não sabia ler e escrever. Se fosse boa o suficiente para ler suas cartas, então já servia para o propósito.

ESSA FOI A PRIMEIRA VEZ QUE COMECEI A ME PERGUNTAR E A QUESTIONAR O QUE REALMENTE ERA O AMOR.

Não havia atividade como assistir à televisão, eu nem sabia que existiam programas de televisão nessa época. Nós assistíamos a filmes da Bíblia e vídeos que o MDD criou. Nossas mentes estavam sendo alimentadas 24 horas por dia, e sonhar acordado chamava-se dar a mente ao diabo. Eles se certificavam de que nossa cabeça estava ocupada e bem dirigida. Mas, crianças são sempre crianças e sempre tínhamos uma maneira de ser travessos e criar modos de tirar nossa mente da rotina rigorosa.

Parecia que todos fazíamos parte de um grande jogo de "siga o líder", mas era nossa vida que estava sendo jogada, movida para um lado e para o outro como em um jogo de xadrez. O que agradasse a Berg, o que quer que fosse e servisse a seu magnífico jogo de poder e desejos, ele não hesitaria em mover. Famílias eram partidas, irmãos e irmãs separados, esposas e maridos separados e encorajados a encontrar novos parceiros, se assim servissem melhor em seu jogo.

Ele falava sobre como Deus queria destruir os núcleos familiares e criar uma só grande família, na qual todos eram sua mãe, seu pai, seus irmãos e suas irmãs, todos juntos por uma causa e apenas uma causa. Tudo para que fôssemos tão dedicados e dependêssemos dele mais do que de qualquer outra conexão.

A maioria de nós nunca conheceu esse homem pessoalmente, pois ele sempre se escondeu em comunidades secretas. Disseram-nos: "Como Jesus sofreu perseguição, assim sofre o nosso líder". Entretanto, mesmo muito longe, ele estava presente em tudo o que dizíamos ou pensávamos, seus livros e suas cartas se tornaram nossa Bíblia, e cada palavra era sagrada e divinamente guiada. Ele era a voz de Deus para nós e nossa conexão com o divino.

A mesma força de amor e admiração que sentíamos por ele também existia em termos de medo de desobedecer às palavras e às instruções dele.

Nós líamos histórias que ele publicou sobre pessoas em sua comunidade que desobedeceram um dos seus comandos, atreveram-se a sonhar com a vida fora da comunidade, as mulheres que se recusaram a dar livremente o seu amor aos homens ou mesmo crianças que não queriam interações sexuais com ele, como todos foram severamente punidos e humilhados publicamente como exemplos do que não fazer. É claro que ele sempre dizia que era em nome do Amor e do nosso próprio interesse. Eu me lembro de ficar pensando: como é que pode existir tanto amor, tanta espiritualidade e, ao mesmo tempo, tanta maldade e perversidade em uma pessoa?

Ao crescer em uma comunidade, nada era autêntico, todos faziam as mesmas coisas, cantavam a mesma música, estudavam os mesmos assuntos do fim do mundo e preparavam-se para isso.

Não havia outros livros nem influências de nenhuma outra fonte. Nossas crenças deveriam consistir exclusivamente na Bíblia e na visão de Berg sobre ela, além de suas interpretações novas e radicais.

Nascer nesse ambiente era um dos tormentos mentais mais controversos e confusos pelos quais uma criança poderia passar. Primeiro havia a insegurança de não ter uma estrutura familiar, fazendo parte da grande família, na qual todos se tornam suas tias e seus tios, suas mães e seus pais, seus irmãos e suas irmãs. Todos tinham o direito de fazer qualquer coisa com você se achassem que era necessário ou se lhes agradasse de alguma maneira.

Não havia vínculo de amor e confiança, ninguém com quem eu realmente pudesse contar quando estava com dor.

As mulheres da comunidade, na maioria das vezes, eram muito bondosas e sempre tinham um grande sorriso no rosto, sempre louvando a Deus em tudo o que faziam, lavando a louça, limpando os pisos, cuidando das crianças. Mesmo quando deveriam sair sem seus maridos e filhos para, como Berg pedia, "Sacrificar seus corpos em nome do amor", elas faziam isso acreditando que estavam servindo a uma causa.

Eu sabia que estávamos em um mundo onde os homens tinham a maior vantagem e as mulheres eram sempre as doadoras.

A maioria das minhas interações com os tios da comunidade sempre foi desconfortável e assustadora. Eles se aproximavam de mim quando precisavam me disciplinar ou quando tinham outras intenções sexuais.

Eu assisti a como eles constantemente desejavam as mulheres na comunidade. Sexo era algo tão normal como escovar os dentes ou comer, em todos os livros que líamos e em muitos dos vídeos que víamos e no dia a dia de nossas comunidades. Dormir com o barulho das mulheres gemendo "Obrigada, Jesus" enquanto faziam sexo em nossos quartos me aterrorizava quando eu era uma criança pequena. Eu realmente não entendia o que estava acontecendo e tinha ataques de pânico, pensando que os homens as estavam machucando.

Mesmo tentando nos ensinar que o sexo e a sexualidade eram coisas puras, lindas e prazerosas, para mim, ainda era algo que não me parecia certo; e se não parecia certo, provavelmente não era.

Outro desafio foi passar por todas as doenças infantis, uma vez que eles não acreditavam em médicos nem remédios. Berg queria que todos nós tivéssemos fé em Deus, portanto, se ficássemos doentes, foi porque cometemos um pecado e Ele estava nos punindo ou nos ensinando uma lição. Quando um de nós ficava doente, logo toda a comunidade estava infectada.

Lembro-me de passar semanas na cama com febre e muito, muito doente. Sarampo, escarlatina, diga uma doença e eu direi a você que nós a tivemos. Quando eu tinha 5 anos toda a comunidade pegou sarampo, passamos todos os dias na cama com febre alta. Eu sabia que meus irmãos e minhas irmãs estavam muito doentes também, mas naquela época não tinha ideia de quão grave o estado da minha irmã mais velha tinha se tornado. Ela contraiu sarampo e depois pegou pneumonia.

Ouvi que ela estava vomitando sangue, que também estava saindo por seus ouvidos. Naquele momento eu não sabia o que estava acontecendo, porém mais tarde descobri que minha mãe estava tentando levá-la ao hospital e os líderes da comunidade continuavam dizendo que ela precisava ter mais fé e acreditar que Deus ia curar minha irmã. Chegou a um ponto em que minha mãe sabia que não havia outra maneira e achou alguém para levá-la ao hospital. Quando chegaram lá, o médico olhou para minha irmã e disse que era tarde demais, ela ia morrer. Minha mãe estava grávida naquele momento, e não acho que algum dia eu serei capaz de imaginar o tamanho da dor que ela sentiu quando alguns dias depois nosso pequeno anjo morreu.

Nunca me esqueci do dia em que as tias nos chamaram para a sala e explicaram que nossa irmã nos deixou. Elas nos lembraram do céu e disseram que Deus pediu a nossa irmã e ela foi morar com Ele, por isso, devíamos estar felizes por ela, que agora tinha ido ao lugar onde todos desejávamos estar.

Naquela idade eu não entendi, para mim era como se minha irmã tivesse se mudado para outra comunidade como todas as outras vezes que a separaram de nós. Fomos ensinados a nunca ficar apegados a coisa nenhuma nem a ninguém; então, eu simplesmente me levantei e continuei com o meu dia, não me lembro de sequer ter perguntado à minha mãe o que havia acontecido ou aonde minha irmã tinha ido. Nossos laços familiares já haviam sido tão desconstruídos que nada era uma perda.

A ideia de morrer e ir ao céu, para mim, era apenas uma questão de tempo. O tempo do fim estava cada vez mais perto e eu estava feliz por ela não ter de morrer fugindo do anticristo ou como mártir. Eu a invejava às vezes, desejando que eu pudesse ter ido com ela.

Mas alguma coisa em mim mudou naquele dia. Eu vi que, na verdade, ninguém estava lutando por nós. Minha mãe estava dando a sua vida, acreditando que Berg estava vendo e cuidando da gente. A verdade, porém, é que as crenças erradas dele estavam nos matando, por dentro e por fora. Minha mãe não conseguia mais proteger a si mesma ou a nós por mais que tentasse. Não éramos mais propriedade dela, éramos filhos dessa comunidade e estávamos sofrendo as consequências disso.

EM UMA TARDE QUALQUER

Sentada com meu cachorro dentro de sua casinha de madeira com nada além de meu pijama e um diário rosa nas minhas mãos, perdi a noção do tempo. Eu ficaria dentro da casinha por horas falando com ele sobre todas as coisas que eu não poderia compartilhar com mais ninguém. Meia-noite era o nome dele, pelo escuro e brilhante e olhos marrons grandes que pareciam entender perfeitamente o que eu estava dizendo e sentindo. Sempre que eu chorava, ele se aproximava um pouco mais e deitava no meu colo, tentando de alguma forma mostrar que tudo ia ficar bem e que ele me protegeria.

Abrindo meu diário, comecei a ler...

Querido Diário,

Eu me sinto tão sozinha, como se eu estivesse gritando com toda a minha voz e ninguém pudesse me ouvir. Eu me sinto perdida em um mundo que não parece ser meu, mas, ao mesmo tempo, sinto medo do que está além disso. Nunca faço nada certo, não consigo me encaixar neste lugar, mas isso é tudo o que conheço, então, para onde irei? Eu odeio tudo sobre mim, eu sou a maçã feia e podre, indesejada e ignorada. Não consigo fazer a dor dentro de mim parar. Você sabe, diário, às vezes eu adoro criar mundos cheios de amor, música, romance e paz, mas quando percebo que é apenas um sonho, fecho os olhos e desejo que nunca tenha de acordar.

É quase como se eu fosse invisível, sangrando, chorando, pedindo ajuda, mas ninguém pudesse me ver. Como se ninguém realmente se importasse comigo. Tenho pensado em sair, viver no sistema, sair deste lugar e começar minha vida fora desta prisão, sempre tendo de ser e fazer o que todo mundo quer de mim. Mas estou assustada. Eu sei que Deus me punirá ou algo realmente ruim vai acontecer. Eu sei que vou decepcioná-Lo, e Ele vai virar as costas para mim. Para dizer a verdade, acho que Ele fez isso há muito tempo. Ele diz: "Nunca vou deixar você, nem abandonar você", mas isso tudo se tornou apenas palavras, palavras vazias. Todos os dias na casa eu ouço "Eu te amo", mas não é real. Nós memorizamos e aprendemos sobre o amor, mas o que está escrito não é o que vejo todos os dias. Nós nos tornamos hipócritas. Pregando uma realidade que simplesmente não existe, uma pureza que simplesmente não temos, um amor que eu não sinto ser certo. Estou cansada, diário, estou cansada de lutar contra uma onda que parece maior do que eu e me derruba todas as vezes. Fale comigo, por favor...

Dawn, querida, tudo ficará bem, se você apenas confiar em mim.

Se você olhar para as ondas, você se afogará, mas se continuar com os olhos em mim, Eu a ajudarei a sair desta tempestade com segurança, Eu prometo. Eu sempre verei você, Eu sempre ouvirei você, Estou sempre aqui para você. Não perca a fé. Um dia, a vida como você conhece agora se tornará o sonho do qual você despertará e tudo terá sumido.

Fomos ensinados na comunidade a ouvir Deus e a escrever o que Ele diria. Eles nos ensinaram que Jesus poderia falar conosco, então cada vez que eu escrevia no meu diário, sempre escrevia mais tarde o que eu pensava ser Jesus falando comigo.

Eu tinha cerca de 11 ou 12 anos quando escrevi isso. A cada dia que passava parecia cada vez mais insuportável continuar vivendo no mundo de outra pessoa. Eu não queria viver sob mais regras ou seguir o caminho que estava predestinado para mim. Muita coisa já tinha mudado na comunidade e as crenças destrutivas de Berg, que formaram a comunidade, eram agora quase imperceptíveis aos olhos daqueles que olhavam de fora. Pessoas visitavam nossas casas e parecia a coisa mais linda do mundo! "Olha essa grupo de missionários fazendo um trabalho tão lindo" (que realmente fazíamos), diziam os visitantes do "sistema". Eu sorria, mas pensava "vocês só estão vendo uma parte dessa verdade. Se vocês soubessem de onde isso realmente começou e o quanto é destrutivo, poderiam ajudar a abrir os olhos de quem ainda está aqui, cego".

As comunidades estavam se abrindo para interagir com o "sistema" para salvar mais pessoas. A gente realmente fazia muitas coisas boas e falávamos sobre Deus às pessoas, mas, quando voltávamos para casa, só nós sabíamos da manipulação, da violência e do desrespeito que aconteciam dentro de quatro paredes. Eu me lembro de ler sobre hipocrisia na Bíblia e, para mim, era exatamente isso que estávamos vivendo.

Eu queria viver minha própria vida, mesmo que isso significasse arriscar ir contra tudo o que sabia ser seguro e bom para mim. Aprendi que se eu deixasse a comunidade, estaria virando as costas para o meu propósito, para o que Deus me chamou para fazer. Estaria traindo as pessoas que me amaram e cuidaram de mim. Estaria perdendo a minha família, as pessoas que mais amava e eu me tornaria exatamente como todas aquelas pessoas que eu aprendi que estavam perdidas e contaminadas pelo mal.

Por muito tempo, eu me vi de um lado para o outro, tentando descobrir qual decisão me causaria menos dor, mas achava que não importava o quê, nada de bom me esperava no outro lado, então tomei uma decisão: encontrar abrigo dentro de mim, e esse passo me trouxe pelo menos algum alívio imediato. Eu não sabia como deixaria a comunidade e, se o fizesse, como me encaixaria em um mundo do qual eu conhecia tão pouco.

Eu me fechei de forma que ninguém mais tinha acesso a mim. Tornei-me entorpecida por toda a dor, mas também com toda a alegria. Segui o que eles queriam de mim, cumprindo todas as minhas responsabilidades na comunidade, saí pelas ruas e pedi doações nos semáforos, falando sobre o trabalho missionário para arrecadar fundos para a comunidade e fui a todas as aulas bíblicas. Eu fiz o que era exigido de mim. Conforme ficava mais velha, conseguia mais interação com o mundo exterior e não parecia tão aterrorizante como haviam me ensinado.

Tentei chamar a atenção por meus atos rebeldes, trazendo bebidas escondidas para a comunidade e arranjando CDs que eram do "sistema". Respondia mal aos adultos e entrava em brigas com todos os que ousavam me confrontar. Eu estava tão cansada de ser um robô e dizer sim para todos e tudo, que eu não me importava com o que aconteceria comigo. Se eu fosse atingida, voltaria mais forte; se eu fosse punida, acharia uma maneira de puni-los de volta.

Um dia roubei o dinheiro de um membro da comunidade e voltei horas depois para casa com cabelo curto e roxo. Fiquei contente, pois, de alguma forma, estava sendo vista, mas ao mesmo tempo nada mudou. Eu ainda estava gritando por ajuda e ninguém parecia ouvir.

EU QUERIA VIVER MINHA PRÓPRIA VIDA, MESMO QUE ISSO SIGNIFICASSE ARRISCAR IR CONTRA TUDO O QUE SABIA SER SEGURO E BOM PARA MIM.

Sabe, quando uma lagarta nasce, ela é tão pequena que não pode viajar para outro lugar, então começa a comer a mesma folha que outrora foi sua casa, o lugar em que ela descansava enquanto estava no ovo, esperando para nascer. Agora, como lagarta, seu único trabalho é comer, até que ela possa se tornar forte e suficientemente grande para viajar para a próxima planta.

Sua pele não estica nem cresce, então para crescer ela precisa "mudar de pele", trocando-a diversas vezes enquanto se desenvolve.

Naquele momento, eu sabia que estava entrando nesse estágio de transformação. Precisava me livrar de tudo o que eu conhecia como verdade, a identidade que eu tinha de mim mesma para que a nova pele, a nova Dawn, tivesse força suficiente para começar a jornada em direção a quem Eu realmente era e a uma vida fora das portas que me mantiveram presa por tantos anos.

O QUE VOCÊ DEVE SABER SOBRE A DOR

A dor pode ser muito devastadora. Às vezes, vem em nossa vida como um indesejável ladrão, roubando tudo o que é precioso para nós, levando tudo sem nem pedir permissão ou dar tempo para dizermos adeus. Também pode ser como um gás vazando sutilmente, que invade nossa casa quando menos esperamos, contaminando nosso corpo e nosso coração, prejudicando nossa verdadeira natureza e nos matando por dentro lentamente até que, quando finalmente percebemos o que está acontecendo... já é tarde demais.

Na minha vida, tive muitos encontros com a dor e aprendi que fugir dela só me fez receber outro invasor chamado sofrimento. E este foi ainda mais devastador, prolongando minha dor e tornando-se a companhia que estava sempre ao meu lado, lembrando-me de quanto machucava, quanto eu perdi e me fez acreditar que não havia saída, nada para esperar, nada por que valesse a pena lutar, sequer por mim mesma.

Foi só quando comecei a entender que a dor, e sim até mesmo a dor, tinha um propósito na vida. E se eu pudesse entender esse propósito, poderia encontrar uma maneira de me libertar de todo o sofrimento por nunca entender "POR QUÊ"? Por que eu, por que tenho de passar por tudo isso, por que a vida me puniu? Perguntas que passavam constantemente na minha cabeça.

Desde criança eu era fascinada pelas borboletas, amava quão livre elas eram e quão lindamente elas batiam suas asas exibindo o preço que pagaram por elas.

Eu poderia ficar para sempre olhando os casulos, esperando ansiosamente para ver qualquer tipo de movimento. Mas, no casulo havia essa quietude completa, como se não houvesse nenhuma vida dentro dele.

FOI SÓ QUANDO COMECEI A ENTENDER QUE A DOR, E SIM ATÉ MESMO A DOR, TINHA UM PROPÓSITO NA VIDA.

Eu me perguntava como a lagarta poderia se encaixar nesse lugar apertado e ficar tão incrivelmente silenciosa e imóvel? Então, comecei a aprender mais e mais sobre os belos mistérios por trás de toda a perfeição da natureza, incluindo a mim mesma.

Na vida de uma borboleta, existem quatro estágios para ela finalmente completar a metamorfose pela qual deve passar: ovo, larva, pupa e adulto. A dor também tem quatro estágios, cada um com um propósito em nossa vida:

(1) a dor que nos impulsiona;
(2) a dor que nos ensina;
(3) a dor que nos liberta; e
(4) a dor que nos conecta.

Passaremos por todos esses estágios e pelo papel de cada um deles para a transformação em nossa vida ao longo deste livro. No entanto, neste momento tudo o que você precisa saber é que eles existem.

A primeira etapa da borboleta é o ovo, ele é tão pequeno e, se você estiver próximo o suficiente, quase pode ver a pequena lagarta crescendo nele; dependendo da borboleta, o ovo tem diferentes formas e tamanhos.

Foi assim que, no dia 18 de agosto de 1988, eu nasci. Minha mãe tinha planejado me chamar de Elena a gravidez toda, mas, chegando nas últimas semanas, ela ouviu um sopro de Deus, dizendo o nome "Dawn", que significa amanhecer, e ele não saiu da cabeça dela. Então, alguns dias antes de eu nascer, a minha mãe cedeu e disse: "ok, Deus, se a minha filha nascer exatamente ao amanhecer, eu a chamo de Dawn". E, como prometido, quando o sol começou a iluminar o céu, eu nasci, exatamente no amanhecer do dia. Minha mãe foi entender o significado do meu nome e abriu um livro, no qual estava escrito: "Como o amanhecer vem iluminar toda a escuridão, uma linda filha também vem iluminar e amenizar toda a dor e solidão".

Como qualquer um de nós, eu era a pequena lagarta a ponto de começar a jornada da minha vida...

A DOR TAMBÉM TEM QUATRO ESTÁGIOS,
CADA UM COM UM
PROPÓSITO EM NOSSA VIDA.

CAPÍTULO 2

a vida real quando você está machucado

Chega um momento da nossa vida no qual entendemos um princípio muito importante: você é responsável por sua vida e, se não cuidar dela, outros vão fazê-lo – e muitas vezes não será do jeito que você desejou ou sonhou.

Compreender isso me trouxe alívio e raiva. Por muitos anos, eu nunca pude decidir nada sozinha e nesse momento senti que precisava recuperar o que um dia havia sido tirado de mim.

Eu estava brava, muito brava. Estava machucada em tantos lugares, mas não sabia como, por que nem onde. Era apenas uma grande bagunça interior, um imenso buraco, tão profundo que, sempre que eu caía nele, parecia nunca chegar ao fundo. O sentimento de apenas cair e cair, sem nunca bater no chão, nunca saber onde eu estava, era tudo escuro e confuso.

Sentada no chão, com todo o remédio para dormir da minha mãe em uma mão e na outra um copo de uísque, por mais que eu quisesse chorar muito, simplesmente não conseguia, nem uma lágrima sequer. Era como se as lágrimas estivessem congeladas dentro de mim, como se fossem uma rocha tão dura que ninguém poderia quebrar. Olhei ao redor do quarto, o tempo passou tão depressa, eu tinha agora 15 anos, tanta coisa havia acontecido desde que saíra da comunidade... Eu deixara uma prisão, mas meu maior desespero era de que essa prisão nunca me deixaria. Não importava aonde eu fosse ou o que eu fizesse, sentia-me uma alienígena para essa sociedade, ninguém entendia, ninguém sabia.

Deitada no chão frio do quarto da minha mãe, minha mente correu para todos os lugares, todas as palavras, todos os sonhos destruídos, toda a dor. Eu decidira acabar com tudo, acabar com a dor, mas, antes de seguir em frente, queria despedir-me do que tinha sido minha vida e entender o que havia dado errado. Ao fechar meus olhos, minha mente me levou de volta para onde tudo havia começado...

HÁ ALGUNS ANOS

Olhando para fora da janela do meu quarto, dia e noite, observava meus vizinhos interessantes se reunindo no portão da frente. Eles pareciam se divertir tanto, sempre sussurrando um ao outro e rindo como se a vida fosse a melhor coisa do mundo. Muito diferente do que eu aprendi sobre "Os do sistema". A maneira como o mundo exterior me foi apresentado não era divertida nem feliz. Aprendi que ele estava cheio de pessoas infelizes, sofrimento e dor. Naquele momento, porém, o sofrimento e a dor estavam no interior de onde eu vivia, e tudo o que eu vi lá fora, nesse outro mundo, era o gosto da liberdade e, uau, como era bom!

Eu tinha entre 12 e 13 anos, e já estava cansada de viver uma vida de comunidade. Sempre questionava tudo e, ao longo dos anos, isso me tornou um alvo fácil para todos os tipos de punição. Então, no começo da minha adolescência, eu estava morando em uma casa menor em comparação com a da minha infância, mas tão controlada quanto. A única coisa que eu podia fazer sozinha era sentar dentro da casinha do cachorro no quintal o dia todo. Lembro-me de falar com o cachorro, meu amigo mais próximo – pelo menos, era o único que não estava me vigiando ou julgando o que eu fazia. E meu diário era tudo, porque nele eu podia escrever e pensar qualquer coisa. Eu me lembro de me fazer tantas perguntas no diário, se a vida era mesmo assim, se eu estava destinada ao sofrimento e à morte quando chegasse o fim dos dias, ou apenas destinada ao sofrimento eterno sendo controlada pelos adultos na comunidade. Lembro-me de perguntar se era verdade que isso tudo era o amor de Deus. Quando escrevia meus sentimentos, minha alma respondia e me dizia, repetidas vezes, que tudo ficaria bem. Era o que me acalmava.

Naquele momento, não conseguia falar com minha mãe, não conseguia me conectar com ela. Eu me tornei a maçã podre, a garota que sempre tinha de ser vigiada para que não se metesse em problema. A menina que não podia visitar outras comunidades. A parte rebelde em mim estava mais ativa do que nunca. Comecei a trazer coisas escondidas para a casa, como bebidas, livros e CDs. Meu primeiro CD foi um álbum do Eminem.

QUANDO ESCREVIA MEUS SENTIMENTOS, MINHA ALMA RESPONDIA E ME DIZIA, REPETIDAS VEZES, QUE TUDO FICARIA BEM. ERA O QUE ME ACALMAVA.

Nem preciso dizer, quanto mais eu me rebelava, maior o castigo, maior o isolamento. Eu me sentia presa na comunidade e comecei a fugir de casa. Sonhava com o que seria ter minha própria vida, viver no sistema, ter amigos, ir aos lugares. Então comecei a fugir para ficar com meus vizinhos. Eles eram traficantes de drogas e armas, mas para mim pareciam as pessoas mais legais porque tinham algo que eu nunca tinha visto dentro da comunidade: eles sabiam que estavam errados, estavam conscientes de suas ações e optaram por sofrer as consequências.

Essas pessoas não eram nem loucas nem cruéis. Todas as tardes eles se sentavam e trabalhavam. Eu ajudava a enrolar os cigarros de maconha enquanto eles me explicavam como era o mundo lá fora. Sei que os criminosos não são os amigos que você quer para os seus filhos de 13 anos, e você tem razão em pensar assim, mas vivendo a vida enjaulada que eu levava naquele momento, eles eram realmente uma boa influência.

E, sendo amiga deles, senti-me como alguém que podia ver em um mundo de cegos. Eu queria ajudar as pessoas da comunidade a entender que a vida era mais do que aquilo que vivíamos.

Se você está se perguntando se meus vizinhos poderiam "me corromper", não precisa se preocupar. Descobri que eu tinha valores fortes que antes não conhecia – nunca quis ou experimentei drogas.

Durante aproximadamente dois meses, eu me juntava para enrolar os cigarros e conversar com eles. Até o dia em que eles foram vítimas de uma emboscada da polícia. Todos começaram a correr para esconder as drogas e as armas. Lembro-me de me esconder do lado de fora e quando a polícia partiu sem encontrar nada, um dos homens se virou para mim e disse: "Agora você precisa sair daqui e nunca mais voltar. Desta vez passou muito perto, e você pode sofrer as consequências de algo que não escolheu fazer".

Eu sabia que precisava encontrar a mim mesma, minha liberdade e meu lugar no mundo. Finalmente, depois de muita pressão, os membros concordaram em me deixar sair da comunidade e ficar com uma família de ex-membros que vivia no Sul do Brasil. Eu estava proibida de visitar muitas das outras comunidades e ver meus amigos porque era vista como má influência, a maçã podre e um perigo, então acho que eles, na verdade, ficaram aliviados por me ver partir.

Sonhava com isso havia quase uma eternidade, parecia que meu sofrimento nunca acabaria e agora, finalmente, a vida estava me dando um novo começo. Deixar a comunidade trazia sentimentos de alívio e horror. Eu sabia que teria de pagar o preço por sair – e isso significava viver com a crença de que eu iria para o inferno e Deus fecharia a porta para aqueles que O deixaram e viraram as costas para Ele. Eu sabia que estaria deixando a minha família para trás, as únicas pessoas que realmente amava, e que entraria em um mundo no qual eu não tinha ideia se seria recebida ou aceita. No entanto, valia a pena tentar! Eu estava disposta a fazer qualquer coisa para tentar encontrar algum significado na minha existência e viver uma vida na qual eu pudesse escolher, na qual eu realmente tivesse voz, uma vida que fosse criada por mim e me pertencesse!

Estar sentada em um ônibus a caminho de uma nova vida era algo em que eu nunca havia pensado que pudesse acontecer. Tantos anos haviam se passado, tanta confusão, eu estava esgotada, cansada de lutar uma batalha constante que parecia nunca terminar, mas agora, de repente, tudo o que eu sonhara estava se tornando realidade.

Alívio e medo, ambos lutando internamente para ver quem venceria. Eu estava tão feliz por começar uma nova vida no mundo exterior, além de me sentir confortável por ser com pessoas que me entenderiam e eram, de algum modo, seguras, pois faziam parte da minha família. No entanto, ao mesmo tempo, o medo do mundo exterior me consumia, eu não estava bem preparada para enfrentá-lo. Em algum lugar profundo dentro de mim, eu acreditava que sofreria as consequências da decisão que havia tomado e temia que Deus tivesse raiva de mim porque eu havia me tornado uma traidora e abandonado meu verdadeiro chamado e a razão para estar na Terra.

A viagem de ônibus durou longas horas em direção à casa deles, mas o belo verde exuberante e o balanço calmo do ônibus me fizeram dormir.

Acordei com o som da onda barulhenta de pessoas que estavam de pé para pegar suas bagagens. Chegamos. Reunindo minhas coisas, desci do ônibus e fui para o lugar onde Jairo e Gisela estavam me esperando. Estava feliz em vê-los e surpresa com a beleza da cidade, que estava cheia de belas palmeiras e tinha um céu azul que parecia refletir a perfeição do oceano. O sol brilhava e os pássaros cantavam. Ali era o paraíso! Eu tinha esquecido o que era sorrir, e era tão bom sentir a brisa no meu rosto e meus cabelos enquanto caminhávamos pela cidade para a casa deles. Jairo me explicou sobre os edifícios diferentes e as coisas pelas quais passávamos. Ele falou sobre seus negócios e como as coisas estavam indo muito bem para eles.

Eu escutei e prestei atenção em tudo o que ele estava dizendo, mas parte de mim estava apenas tentando absorver o que de fato estava acontecendo. Isso era mesmo verdade? Eu tinha feito isso? Poderia realmente estar livre agora para fazer as coisas do meu jeito e começar a construir uma vida nos meus próprios termos? Esses eram os pensamentos que se repetiam o tempo todo em minha mente.

Durante o período em que fiquei com essa família, senti coisas que eram novidades para mim. Eles eram gentis, justos, trabalhavam duro e rezavam juntos. Sentir como se eu pertencesse a alguma coisa, algum tipo de estrutura familiar foi tão bom. Minhas atividades favoritas eram pintar com as outras crianças, tomar chá e assistir a filmes antigos. Era a melhor coisa do mundo. Nunca podíamos ter muito acesso à TV na comunidade, então agora ter acesso livre e assistir a filmes era como mergulhar em um mundo que nunca conhecera ou vira antes, e ainda me deu a oportunidade de experimentar pela primeira vez como era viver uma vida "normal".

Eram muitas as coisas que eu adorava viver nesse lugar, mas de alguma forma sabia que ainda estava em uma bolha. Eu ainda estava em um lugar que não era o meu lar. Era um ótimo lugar, mas não o *meu* lugar. Afinal, o que é um lar? Eu não tinha ideia, apenas sabia que não poderia viver de novo uma vida que não era minha.

EU ESTAVA DISPOSTA A FAZER QUALQUER COISA PARA TENTAR ENCONTRAR ALGUM SIGNIFICADO NA MINHA EXISTÊNCIA.

Depois de alguns meses, eles queriam que eu assumisse o lugar da filha que tinha acabado de se mudar para o exterior para estudar. Eu deveria aprender a tocar a loja deles e fazer coisas que claramente não eram para mim. Senti que precisava me encontrar primeiro, e, ainda que eu não tivesse ideia de como fazer isso, sabia que já não era mais ali. Era como uma grande caça ao tesouro, e o tesouro era o meu eu verdadeiro e meu propósito na vida. Cada lugar guardava peças, peças importantes que me ajudaram a entender mais de mim mesma, mas a caçada não estava terminada, ainda faltava muita coisa.

Então, simples assim, encontrei-me de novo em um ônibus, voltando, sabendo que tinha desapontado aquela família, que eles estavam tristes comigo e realmente não queriam dizer adeus. Em meu coração, eu desejava que um dia eles pudessem entender.

Depois de quatro meses de tanta segurança e compreensão do verdadeiro significado de família, as longas horas no ônibus começaram a me despertar para o que acabara de fazer: eu estava voltando para o lugar que chamei de prisão, mas, desta vez, parte de mim tinha mudado. Eu agora sabia quão maravilhoso era ter uma família e estava determinada a voltar e fazer isso acontecer com a *minha* família.

Ao chegar ao enorme terminal de ônibus, eu me sentia assustada e desprotegida, milhares de pessoas correndo de um lado para o outro. Eu carregava uma mala marrom enorme, quase do meu tamanho, e era empurrada por todos que passavam por mim. Finalmente, cheguei a um telefone e liguei para um membro da comunidade, esperando que alguém pudesse vir me buscar. Desliguei o telefone e sentei-me sobre a mala, coloquei meu rosto entre as mãos, chorei e chorei. Olhar para as pessoas indo e vindo pelo terminal de ônibus me deixava intrigada, todos pareciam tão diferentes.

Eu me sentia como uma estranha nesse mundo. Nas comunidades havia tantos europeus e norte-americanos, falávamos principalmente em inglês, nossa comida e nossa cultura eram norte-americanas, então viver no Brasil e agora conhecer melhor o mundo exterior era bastante estranho para mim. Eu nasci e cresci em um país do qual nunca conheci nada e parecia tão distante de mim e da minha realidade.

ERA COMO UMA GRANDE CAÇA AO TESOURO, E O TESOURO ERA O MEU EU VERDADEIRO E MEU PROPÓSITO NA VIDA.

Alguém da comunidade logo chegou para me buscar e minha jornada em direção às peças que faltavam continuou o curso. Eu estava de volta à comunidade, mas isso só duraria um mês ou dois antes de eu sair novamente.

Estava agora indo e voltando das casas de ex-membros. Às vezes, dormia em pisos de concreto, no meio do mato, muitos dias sem ter muito para comer, pedia dinheiro em postos de gasolina e recebia caronas de motoristas de caminhão para voltar às casas que me hospedavam. Alguns chamariam isso de insanidade, mas eu achava incrível! Era tão diferente de tudo o que eu já vivera e, mesmo as coisas sendo muitas vezes difíceis, eu estava aprendendo a me virar sozinha. Pela primeira vez, tinha algum espaço para criar novas possibilidades na minha mente e viver todos os dias uma nova aventura. Finalmente, longe da "vida monótona" de um seguidor. Eu estava me tornando a líder da minha vida.

Todo lugar me deu um novo pedaço do meu quebra-cabeça, alguns me ensinaram sobre a sobrevivência e a importância do dinheiro, outros sobre o perigo e, de alguma forma, realmente havia um Deus em algum lugar cuidando de mim.

Lembro-me de quando estava morando com uma família com três filhos. Um dia eu chamei duas das crianças mais novas para se juntarem a mim em uma viagem à praia. Fomos com um amigo nosso que dirigia um caminhão enorme, mas ele não podia nos levar de volta para casa, que ficava a alguns quilômetros para dentro da mata. Então, ele nos deixou na rodovia mais próxima da nossa casa.

O problema é que já era por volta das 19 horas e nós estávamos apenas com nossos biquínis e shorts. Estava escuro e ninguém parecia estar dirigindo na direção de nossa casa. Eu tinha cerca de 14 anos, a menina, 12 e o menino, 8 anos. Meu coração batia forte, estávamos com muito frio e a simples ideia de ter de caminhar alguns quilômetros na floresta escura já era assustadora. Eu só pensava que, se alguma coisa acontecesse com as crianças, seus pais me matariam. Decidida a encontrar alguma ajuda, vi uma picape branca vindo em nossa direção. Gritei para o motorista: "Por favor, pare, precisamos de uma carona", e corri na sua direção. O carro parou e dois homens mais velhos saíram dele. Eles não pareciam muito amigáveis, mas estava tão desesperada em voltar para casa que eu implorei que eles nos levassem até lá. Olhando para mim e a outra garota, e nossos biquínis, de bom grado eles concordaram em nos dar uma carona, mas disseram que precisávamos nos esconder porque, se a polícia visse tantas pessoas na picape, eles poderiam ser multados. Eu não entendi realmente, até porque era tarde da noite e estávamos no meio da floresta, mas concordei. Eles nos fizeram deitar enquanto nos cobriram com a lona preta que cobria a picape. Meu coração começou a bater acelerado, senti como se houvesse algo errado. Olhando para fora da lona, vi que estávamos de volta à estrada, indo exatamente na direção oposta à nossa casa. Meu coração parou, milhões de pensamentos começaram a correr pela minha cabeça. O que vai acontecer conosco, aonde esses homens vão nos levar? As lembranças da minha infância voltaram à minha mente. Nós seríamos estupradas por esses homens malvados e o que aconteceria com o menino? Estou sendo punida pelas decisões que tomei, Deus está tentando se vingar de mim?

Fazia muito tempo que eu não orava, mas instantaneamente as lágrimas começaram a cair e rezei como nunca antes: "Querido Deus, por favor, não deixe que nada de ruim aconteça conosco, eu sei que Você deve estar bravo comigo, mas elas são apenas crianças, por favor, proteja-nos". Foi apenas em questão de minutos e percebi o carro virar e começa a ir em direção à nossa casa novamente. Depois de cerca de dez minutos o carro parou e eles nos ajudaram a descer de lá.

Aqueles homens nos olhavam de uma maneira como se nem eles entendessem por que haviam nos levado de volta. Agradeci e disse: "Deus ouviu minhas orações, vocês trouxeram os Seus filhos para casa com segurança. Obrigada!".

Eles se viraram e entraram no carro sem dizer uma palavra. Naquele dia eu entendi que não importava as escolhas loucas que eu tinha feito e ainda fazia, alguém lá em cima estava cuidando de mim. Lentamente, aquela menina ingênua que eu era começou a aprender a se proteger no mundo exterior e a entender que estava sendo cuidada.

O uísque gelado começou a escorrer pelas minhas mãos quando eu despertei de meus pensamentos distantes. Minha mente viajou de volta para tantos anos atrás que pareceu uma eternidade, mas, quando olhei para o meu telefone na minha frente, apenas alguns minutos tinham se passado. "Por que estou fazendo isso?", eu pensava, "O que me quebrou?". Eu era tão forte, tinha esperança, sonhava, lutava, eu era inquebrável, mas algo aconteceu, algo que me fez tão mal que eu não conseguia encontrar meu caminho de volta, não importava o que eu fizesse.

Perdi algo que era precioso para mim, algo que de alguma forma me definia, determinava meu valor e agora, sem isso, eu não tinha mais nada!

Percorrendo todos os arquivos da minha vida, procurei o que eu tinha perdido. Eu havia sido derrubada antes, passei pela tortura emocional e mental da manipulação durante minha infância, uma carga enorme de abuso físico e sexual, enfrentei a rejeição e o *bullying* por ser uma estranha para a sociedade, aprendi a me proteger e tinha conquistado o que sempre sonhei: Liberdade. No entanto, agora eu estava deitada no chão pronta para acabar com tudo e ceder exatamente à mesma dor que um dia me deu força para mudar minha vida.

Então, tudo começou a voltar, o cheiro, as luzes fracas, o riso que logo se transformou em lágrimas. Eu pedi que ele parasse, ele não parou...

Naquele momento, cada segundo pareceu uma eternidade. Tudo o que eu queria era que o mundo e tudo à minha volta simplesmente parassem; mas nada parou... Eu já havia sofrido tanto abuso e aprendi a vê-lo como uma coisa normal, aprendi a calar a minha mente quando machucava demais. Dessa vez, porém, foi diferente. Eu gostava dele, deixei que ele entrasse, dei a minha chave e ele tirou tudo de mim. Pedi a ele que parasse, mas ele não parou. O que estava acontecendo? Eu não podia chamar isso de estupro, aprendi que só era algo ruim quando era feito com agressão, mas do que eu chamo então? Eu procurei fugas dentro da minha mente, lugares aos quais eu pudesse ir, que pudessem me afastar da dor da rejeição e do lixo que eu estava me sentindo, mas não... Não funcionou, nada funcionou. Eu já havia me sentido invadida antes, mas nunca dessa forma.

Dessa vez era como se eu estivesse sendo roubada de tudo o que eu tinha, tudo o que *eu* era. Não deixando nada além de um corpo com cicatrizes para contar a história. Minha alma havia morrido.

NAQUELE DIA EU ENTENDI QUE NÃO IMPORTAVA AS ESCOLHAS LOUCAS QUE EU TINHA FEITO E AINDA FAZIA, ALGUÉM LÁ EM CIMA ESTAVA CUIDANDO DE MIM.

Ele estava com raiva porque não conseguia sentir prazer, pedi para parar de novo, mas ele me avisou que só ia parar quando conseguisse o que queria. Finalmente, quando tudo acabou, ouvi as palavras que me acompanharam por muitos anos. Palavras que se transformaram em uma crença, uma verdade interna insuportável. Elas se tornaram meu melhor amigo, minha Identidade. Como um espinho em uma rosa, machucando todos aqueles que tentavam pegá-la, assim era eu. As palavras ecoavam...

Você nunca será boa o suficiente para qualquer homem.

Por toda a minha vida, aprendi que o meu único valor estava na minha capacidade de servir aos homens, agradá-los, amá-los através da minha sexualidade. Minha sexualidade era o que agradava a Deus, minha sexualidade era o meu poder e agora tinha sido tirada. O que eu tinha? Nada ...

Eu não era mais boa o suficiente, não era digna de ser amada, era feia, era lixo, o que as pessoas jogavam fora porque não tinha mais uso, desperdício. Isso se tornou o que eu era.

Sem me abrir com ninguém, decidi que, uma vez que eu não conseguia vencer essa guerra contra os homens, eu poderia me juntar a eles. Cortei o cabelo curto, usava roupas íntimas masculinas e me fechei para todos os homens. Ninguém mais tinha acesso a mim. As pessoas que eu mais amava – minha mãe, minha irmã, meus amigos –, desliguei-me de todas elas. A única coisa que eu as deixava ver era a identidade fechada que criei para esconder a grande ferida que se alimentava do meu silêncio e começou a contaminar todas as partes do meu coração. Devorou minha alegria, congelou minhas lágrimas, apagou meu amor e, como um veneno, começou a me matar devagar e agora estava pronta para tirar minha vida, a única coisa que restava.

“DAWN, O QUE VOCÊ ESTÁ FAZENDO?”, minha irmã gritou, enquanto tirava o copo das minhas mãos e pegava as pílulas que haviam caído no chão. Com lágrimas, ela me abraçou e me implorou para nunca, nunca sequer pensar em fazer tal coisa. Minha irmã sempre foi minha melhor amiga, eu a amava mais do que tudo e vê-la em lágrimas me fez perceber o grande erro que eu estava prestes a cometer.

Lá, nos braços dela, finalmente deixei tudo sair. Minhas lágrimas irromperam como rios: “Eu não aguento mais isso, mana, dói demais”. Chorei e chorei até que meu corpo parecia não ter mais água. Não havia nada a dizer, as palavras não podiam romper todas as camadas de vergonha, culpa e medo. Eu estava sangrando por dentro, mas não deixei ninguém próximo às minhas feridas, portanto, ninguém podia me ajudar, ninguém podia realmente me ver, ninguém viu o dano por dentro.

de volta à borboleta

Assim que uma lagarta termina de crescer e atinge o comprimento e peso máximos, ela se transforma em pupa. Este é um estágio imaturo no ciclo de vida da borboleta, está entre os estágios de larva e adulto. Como pupa, ela se envolve em uma proteção de seda que ela mesma produziu, chamada casulo. Lá, nesse lugar calmo e apertado dentro do casulo, tudo o que ela conhece de si mesma será transformado em um belo processo chamado Metamorfose. Tudo nela está mudando, cada órgão, cada parte de seu pequeno corpo estão sendo esmagados para que possam se encaixar melhor na nova forma que ela terá após esse processo. Parece com a morte e, de certo modo, é mesmo.

Naquele momento da minha vida, tudo o que sabia sobre mim estava sendo esmagado, meu mundo como eu conhecia estava desmoronando sob meus pés. Chegou a hora de entrar no meu casulo, eu estava deixando o estágio da larva e entrando em um caminho para a idade adulta e a evolução. Entretanto, não conseguia ver assim. Para mim, era o fim, parecia a morte. O casulo era assustador, solitário e doloroso. Eu não conseguia entender o que estava acontecendo dentro de mim, tudo o que eu sabia era que estava em uma guerra contra a dor. Lutei contra ela dia e noite, algumas vezes ganhei e, outras vezes, ela era mais forte do que eu. Corri tão depressa quanto pude, mas de alguma forma a dor sempre me alcançava. Tentei ignorá-la, acabou piorando; tentei escondê-la, ela encontrou um caminho de volta diretamente à minha frente. E agora, a dor estava criando uma casa ao meu redor, sem me deixar saída. O casulo estava sendo formado e, mesmo que eu ainda não soubesse, eu estava pronta.

A vida nunca nos apresenta uma fase para a qual não estamos preparados. Seguir para o próximo nível de nossa vida não é o fim, é apenas o início de um novo ciclo. Há uma frase que eu amo do livro A morada da alma, que diz: "[...] quando estamos no ventre da nossa mãe, nos tornamos humanos, quando estamos no ventre da dor, estamos nos tornando almas".

O casulo e os momentos dolorosos de nossa vida nos conectam a quem realmente somos. Aquele estágio escuro e solitário na vida, no qual não há outro lugar para ir a não ser o seu lar, para aquele lugar dentro de si que está trabalhando para transformar você e toda a dor em força, compaixão e amor. Esse lugar, que lembra você do que realmente importa na vida, ajuda você a se afastar do piloto automático de apenas existir e sobreviver e mostra quem você realmente é e do que é verdadeiramente feito.

Se alguém dissesse à lagarta que um dia ela seria uma borboleta, você acha que ela acreditaria?

Se algum dia ela realmente tivesse a chance de escolher passar ou não pelo processo doloroso do casulo, acha que ela faria isso?

Para alguém que olha de fora, seria absolutamente insano não passar pelo processo e desfrutar da vida maravilhosa de ser uma borboleta! Não ter de rastejar no chão como uma lagarta e ainda ter asas para voar e ver o mundo do alto.

No entanto, quando tudo o que você vê é dor, noites solitárias e momentos sombrios, você se esquece do ciclo. Você se esquece do que é feito. Começa a odiar o que está acontecendo com você, esforça-se para encontrar algo ou alguém para culpar, assim de alguma forma dói menos. Nós culpamos o Criador, aquele que determinou esses ciclos. Culpamos a vida e todas as suas dificuldades, mas o dedo que aponta sempre tem uma maneira de voltar para o outro lado e nos encontramos julgando e culpando a pessoa que vemos no espelho: "deve ter sido minha culpa", "eu mereci", "não sou o suficiente"...

Vemos a vida como algo perigoso do qual sempre devemos nos proteger, em vez de uma experiência maravilhosa na qual podemos crescer e evoluir.

Um útero para a nossa experiência humana e a evolução da nossa alma.

O casulo não precisa ser um lugar de sofrimento e não é nossa morada permanente, é apenas uma passagem, uma estrada que nos conduz ao nosso verdadeiro lar, à expressão completa do que nascemos para ser.

CAPÍTULO 3

sempre há uma segunda chance

Algumas semanas se passaram nesse pequeno apartamento, e minha irmã ainda chegava em casa todos os dias e se certificava de que eu não estava fazendo nenhuma besteira. Tentei sair, socializar, ir a festas e fazer coisas que me deixassem um pouco melhor. Comecei a fumar e a beber muito, mesmo que eu odiasse fazer isso, mas achava que me ajudaria a ser mais como todo mundo. Estar no mundo estava se provando ser muito doloroso e difícil.

Odiava quando me perguntavam sobre minha infância e por que eu tinha um sotaque tão carregado. As pessoas me zoavam porque eu sabia tão pouco sobre o mundo e os conhecimentos básicos. Elas me chamavam de loura burra, e eu odiava me sentir assim, mas pelo menos não era tão ruim quanto ter de explicar o *porquê* de eu ser tão deslocada. Meu nome era quase impossível de ser pronunciado, e depois da quinta vez tentando explicá-lo, as pessoas acabavam por me chamar de algo estúpido como Dolly ou Down, seguido com a brincadeira de mau gosto, chamando-me de Síndrome de Down.

Felizmente, um dia, na tentativa de acabar com um pouco do *bullying*, uma amiga minha me chamou de Sol, apelido que muito agradecida eu abracei. Esse apelido e o alívio que trazia me acompanharam por muitos anos. Comecei a sair com caras novamente, mas agora completamente no controle da situação. Eu não deixaria ninguém entrar. Eu me divertia com eles, assegurava-me de que eles estivessem loucos por mim e me desejassem mais do que qualquer outra coisa, mas quando as primeiras fases de apenas beijar passavam e eles queriam mais, eu me fechava completamente, deixando-os chateados e frustrados.

Eu realmente não me importava, de alguma forma essa era minha vingança, um certo troco, querendo que eles sentissem como eu estava machucada por dentro.

FELIZMENTE, UM DIA, NA TENTATIVA DE ACABAR COM UM POUCO DO *BULLYING*, UMA AMIGA MINHA ME CHAMOU DE SOL, APELIDO QUE MUITO AGRADECIDA EU ABRACEI.

Por mais que tentasse fazer o meu melhor para pensar em algo que me desse esperança, todas essas coisas que eu fazia pareciam vazias e rapidamente me cansava delas. Meus dias no quarto escuro se tornaram mais frequentes e minha mãe não sabia o que fazer.

Nosso relacionamento não era nada bom, brigávamos constantemente, eu estava tão brava com ela pela vida que tive e a culpava por todas as dificuldades que agora eu precisava enfrentar. Havia tanta dor trancada dentro de mim, que as palavras nem podiam começar a expressar o sentimento de raiva e dor que devorava qualquer tipo de abertura que eu pudesse ter com ela. Não importava o que ela fizesse ou dissesse, tudo o que eu conseguia ver e sentir era que eu não merecia ser amada, não merecia ser protegida. Eu me sentia o patinho feio, a ovelha negra, a maior decepção dela.

Então, certa vez, ela veio até mim e me contou uma história sobre um homem chamado Júlio. Ela me disse que um dia, em um dos momentos mais sombrios de sua vida, esse homem lhe deu conforto e lembrou a ela que tudo ficaria bem. Eles ficaram sentados durante horas compartilhando suas histórias de perda e, através de suas dores, ajudaram-se a encontrar conforto.

Como acontecia muitas vezes na minha vida, minha mãe estava tirando ideias do nada e inventando planos para me resgatar da maneira que podia. Ela me disse que esse homem era uma pessoa muito rica e influente em sua cidade e que ele havia deixado sua empresa de milhões de dólares para se tornar um missionário e ajudar jovens que passavam por momentos de escuridão como os meus. Ela me contou que ele estaria em um retiro que aconteceria em breve e pagaria para que eu assistisse a uma de suas palestras e pudesse encontrá-lo.

Eu não estava interessada em conhecer nenhum outro líder cristão ou guru, não queria estar perto de ninguém que fosse desse mundo missionário e muito menos próximo da "Família"[3], que eu descobri serem os organizadores desse retiro.

No entanto, como seria em um lindo hotel, e minha mãe pagaria tudo, decidi ir e simplesmente relaxar, tomar algumas bebidas e pegar um bronzeado na piscina do hotel. Mal sabia eu que essa decisão estava prestes a mudar minha vida para sempre.

Com uma caipirinha gelada na minha mão e um pé dentro da água, vi uma menina subir e sentar-se ao meu lado. Ela se apresentou como Sol (eu sei!) e imediatamente nos tornamos boas amigas. Para minha surpresa, ela era da comunidade de Júlio, o famoso líder, e me convidou para assistir à última palestra naquela noite.

Na noite em que conheci a Sol no hotel, eu me vi pulando, abraçando e cantando com ela na palestra de Júlio. Foi a primeira vez em muitos anos que me senti amada, as pessoas se aproximavam de mim e diziam "eu te amo", e o sentimento parecia muito real. Eu havia sido vista como uma maçã podre e traidora por tanto tempo que tinha me esquecido de quão bom era simplesmente ser aceita e amada.

E lá no palco estava Júlio, um homem grande, com uma cabeça grande e redonda e o sorriso mais doce do mundo. Ele falou sobre uma revolução do amor que romperia todas as mentiras e barreiras que entrassem em seu caminho. A sala em que nos encontrávamos estava cheia de jovens como eu e todos pareciam muito felizes. Eles vieram do mundo exterior e queriam mudá-lo com amor. Era como se não tivéssemos nada em comum, mas, ao mesmo tempo, tivéssemos tudo porque eles também estavam cansados da injustiça, de viver em um mundo governado pelo poder e pelos desejos, em vez do amor e da compaixão. Meu mundo, aquele que eu conhecia como o único caminho para o amor e a compaixão, também era governado pelos desejos e pelo poder. O clamor deles era o meu clamor.

Naquela noite, orei a Deus como não fazia havia muito tempo. "Querido Deus", sussurrei, "estou com tanta dor, sinto-me perdida e confusa. Preciso entender qual o propósito da vida e por que fui colocada neste mundo. Por

3 "A Família" foi o novo nome dado à comunidade Meninos de Deus depois de 1982.

favor, mostre-me uma saída de toda essa dor, traga-me de volta ao amor, faça algo que mude minha vida e o modo como eu a vejo. Do contrário, não vejo por que eu deva viver mais, não há nenhum propósito ou sentido."

Com essas palavras, fechei meu diário e fui ao quarto principal onde todos estavam se despedindo e deixando o retiro. Olhei ao redor tentando encontrar Júlio e todas as pessoas que estavam saindo com ele. Então vieram Sol e outros dois membros de sua comunidade. "Venha", ela sussurrou agarrando minha mão, "Júlio quer falar com você". "Comigo?", perguntei com um tom hesitante na minha voz. "Sim, ele está procurando por você!" Caminhamos na direção dele, e assim que me viu, ele me deu um grande abraço de urso. Em seus braços calorosos, senti como se o mundo inteiro tivesse ficado em silêncio e o pai que eu nunca tive houvesse voltado para casa. Pela primeira vez na minha vida eu me senti segura e me senti amada. "Sol", ele disse com um grande sorriso, "você quer mudar sua vida para sempre?"; "Sim", eu respondi, sem hesitar. "Então, deixe tudo passar, não olhe para trás. Basta vir no ônibus conosco e deixar Deus fazer o resto. Uma nova vida está esperando por você, agora você tem uma nova casa e uma nova família."

Lágrimas escorriam pelo meu rosto, cada parte de mim queria acreditar desesperadamente que aquilo era real. Eu pedi a Deus uma saída e sabia que Júlio tinha sido enviado por Ele para cuidar de mim.

Entre lágrimas, concordei em ir. Liguei rapidamente para a minha mãe e lhe disse que não voltaria para casa. Não me lembro muito bem do que ela disse, mas lembro-me de que havia alívio em sua voz.

Coloquei na mala as poucas roupas que havia levado para o evento e saí apressada para o ônibus que estava indo para o meu novo destino.

LÁGRIMAS ESCORRIAM
PELO MEU ROSTO, CADA PARTE DE MIM
QUERIA ACREDITAR DESESPERADAMENTE
QUE AQUILO ERA REAL.

CAPÍTULO 4

luz e sombra: deixando o meu verdadeiro eu surgir

Caminhando em direção ao ônibus, uma das amigas que estava comigo no retiro achou que eu estava fazendo uma loucura. "Dawn, o que você está fazendo? Você não pode ir, nem conhece essas pessoas, elas parecem pessoas ótimas, mas também parecem muito fanáticas." Escutei enquanto ela tentava me convencer. Realmente, parecia loucura apenas pular naquele ônibus cheio de pessoas que eu acabara de conhecer, para um lugar aonde nunca tinha ido e viver uma vida igual àquela da qual estava atualmente tentando fugir. No entanto, o simples pensamento de voltar àquele pequeno apartamento, onde os fantasmas da morte pareciam me assombrar, era o suficiente para me fazer ir embora. Não havia nada me esperando lá, além de tristeza. Não conseguia perdoar minha mãe, eu me sentia perdida e sem propósito. Não podia entender a bagunça que minha vida se tornara, e meu coração ainda tinha um desejo, uma voz que sabia que eu havia nascido para algo maior, mas nada relacionado com a "grandeza" que aprendi durante toda a minha vida, era algo diferente, mas perdido em meio à confusão em que eu estava.

Olhando para a minha amiga, vi em seus olhos que ela, na verdade, não queria que eu não fosse, ela simplesmente não queria ficar para trás. Eu a abracei antes de partir, "Um dia, se eu encontrar o caminho, eu voltarei para você".

Eu sabia que não havia nada que eu pudesse fazer, eu precisava me encontrar primeiro, eu precisava de ajuda.

Ao entrar no ônibus, todos foram muito amorosos e doces, disseram coisas bonitas e me trataram como se eu fosse a pessoa mais importante ali. Eu vinha de um lugar no qual era vista de cima por todos os olhos. Fui julgada e depreciada, estava perdida e sozinha, e agora sentia que estava voltando para casa nos braços amorosos de uma família que me aceitara por quem eu era, nada mais, nada menos.

No ônibus meu mundo começou a girar, o que eu estava fazendo? Eu desejava profundamente uma saída, uma fuga da imensa tristeza que me dominava. Entretanto, sair para um lugar do qual eu não tinha ideia do que esperar me assustava e imediatamente tive de encontrar alguma razão para tudo isso.

Não conseguia entender por que eu decidira confiar novamente em um homem. Eu tinha excluído todas as pessoas da minha vida, e especificamente os homens. Eles sempre foram a fonte de todas as dores e, no entanto, agora eu estava escolhendo um para ser a minha cura? Sim, eu sabia lá no fundo que a mesma fonte que me causava muita dor era a única que teria o poder de me libertar. Não entendia tudo o que estava se passando, mas de uma coisa eu sabia. Eu precisava entender Deus, eu precisava sentir o que era o amor verdadeiro, eu precisava de um pai, alguém que pudesse me proteger, não importava o que acontecesse. Alguém que poderia me guiar, alguém que me respeitasse e me honrasse como criança, mulher e alma.

NO ÔNIBUS MEU MUNDO COMEÇOU A GIRAR, O QUE EU ESTAVA FAZENDO? EU DESEJAVA PROFUNDAMENTE UMA SAÍDA, UMA FUGA DA IMENSA TRISTEZA QUE ME DOMINAVA.

Com o cabelo preso em um coque e os olhos baixos, senti-me estranha de novo no meio de tantas pessoas. Elas me mostraram o quarto em que eu dormiria e me levaram em um *tour* pela casa. Todos eram tão doces e me acolheram como se eu fosse da família. Os sentimentos confusos do meu passado estavam presentes a cada momento. Estaria eu entrando em uma gaiola de novo? Tudo era muito parecido, mas, por algum motivo, desta vez parecia verdadeiro. Parecia que talvez seus sorrisos fossem genuínos e suas palavras verdadeiras. Eu queria tanto acreditar em tudo isso que lutei contra tudo dentro de mim para ter fé de que minha a alma estava fazendo a escolha certa.

"Querida, o café da manhã é servido por volta das oito e todos nos reunimos antes para rezar pelo dia, ok?", disse Edna enquanto me conduzia pela sala de jantar. Eu sorri e assenti com a cabeça. Edna era uma mulher tão doce, muito firme e forte, e, ao mesmo tempo, tão pura, quase infantil. Eu amava como ela me fazia sentir-me protegida e era como uma mãe para mim. Descobri que era a psicóloga de Júlio antes de ele começar sua comunidade. Eles se apaixonaram e ela o ajudou a abrir esta casa que era cheia de discípulos. Aquilo havia sido o sonho deles, e eu podia ver nos olhos dela o orgulho e quão feliz estava em compartilhá-lo comigo. Havia cerca de doze pessoas vivendo na comunidade e quase todos eram jovens adultos, de 18 a 35 anos. Eu não era a mais nova lá, mas era a única que não era do círculo deles. Todos pareciam ter muita curiosidade sobre mim, uma vez que eu era o primeiro membro que realmente nasceu nos Meninos de Deus. O que comecei a notar é que Júlio era um grande admirador de Berg e estava estudando sobre ele havia anos com membros do MDD. Ele então decidiu abandonar sua empresa de milhões de dólares e se juntar ao MDD, mas por algum motivo não o aceitaram. Então ele decidiu criar o próprio movimento e começar a própria comunidade. Ainda assim, usando todas as doutrinas e crenças de Berg. Lentamente, o MDD o deixou entrar e ter acesso a suas cartas e seu material, mas sempre mantiveram seus olhos nele. Todos esses jovens membros que viviam nessa comunidade só sabiam o que Júlio contou a eles. Ele sempre foi fascinado com a forma como tudo começou nos Meninos de Deus e queria replicar a experiência. Ele disse que seu grupo era diferente e não teria todos os problemas sexuais que os Meninos de Deus tiveram. No entanto, eu realmente não acredito que ele soubesse de toda a verdade sobre David Berg e quais foram as raízes sobre as quais Meninos de Deus foi criado.

Júlio tinha uma grande imagem de Berg na parede ao lado de outra de Jesus. Ao mesmo tempo em que tudo ao meu redor parecia diferente, também parecia a mesma coisa. Contudo, eu continuei me apoiando naquilo que eu sentira vindo deles durante o retiro e eu sabia que havia algo muito especial prestes a acontecer na minha vida. Eu precisava construir uma família para mim, era a única maneira de me curar. Eu sabia que, se eu me sentisse segura e amada, isso me daria os recursos para curar minhas feridas e arrumar a bagunça que eu tinha me tornado.

Ninguém falava efetivamente sobre o passado de Júlio. Em uma pequena cidade no Sul do Brasil, Júlio começou a criar seu novo lar, um lugar onde ele poderia viver sua vocação e seu sonho de ajudar as pessoas, mas sem os julgamentos dos outros missionários do MDD. Eu sentia que ele estava muito magoado pelo fato de eles não terem permitido que entrasse na comunidade no início, e a única pessoa que ele realmente respeitava era David Berg e suas crenças revolucionárias.

Nas duas primeiras semanas usei meu tempo para analisar qual era a dessas pessoas. Eu não ia cair novamente em nenhuma armadilha. As rotinas diárias de cozinhar, limpar e cuidar das crianças foram meus primeiros encargos. Não era muito diferente das minhas experiências anteriores, então me dei muito bem ajudando o máximo que pude. Todos os dias os membros da comunidade deixavam a casa para evangelizar e levar a mensagem de Deus de amor e salvação para as pessoas.

Fiquei feliz por não terem me pedido para ir. Eu não estava preparada para falar sobre um Deus de amor no qual eu não acreditava. Eu acreditava no Deus que eu encontrei dentro de mim, aquele que guiou todos os momentos da minha vida, mas certamente não era o Deus da religião, o pervertido que queria me punir e me machucar ou se aproveitar do meu corpo, da minha mente e da minha alma para satisfazer os próprios desejos.

Júlio, na maior parte do tempo, estava muito ocupado e eu me sentia muito tímida na presença dele. Eu queria seu amor e sua proteção, mas eu queria isso a distância. Se eu fosse deixá-lo chegar muito perto algo ruim poderia acontecer, então eu nunca me aproximei dele a menos que fosse questioná-lo. Júlio, porém, parecia saber quase exatamente do que eu precisava. Ele me amava como um pai, sempre me defendeu, mesmo quando na maioria das vezes eu estava errada. Era como se ele soubesse que a única maneira de me fazer confiar novamente em alguém e me curar era ter a certeza de que não importava o que acontecesse, ele nunca me rejeitaria, nunca me machucaria e sempre escolheria o amor.

Um dia eu tomei coragem e fui falar com ele sobre algumas dúvidas que eu tinha sobre o porquê de ele ter escolhido uma inspiração como David Brant

Berg. Eu não conseguia entender como um homem tão amoroso poderia se inspirar em um ser humano tão perverso e manipulador como Berg.

Bati na porta suavemente e esperei que respondesse. Júlio abriu a porta e sorriu enquanto me recebeu em seu quarto. "Júlio", eu disse com uma voz hesitante: "Quero lhe fazer algumas perguntas que parecem nunca me deixar". Eu não estava pronta para falar sobre qualquer coisa que acontecera comigo nem mesmo sobre o que eu pensava sobre os Meninos de Deus, mas eu queria entender por que ele havia seguido as crenças de Berg e o que o fazia diferente.

Ele se sentou ao meu lado e começou a mostrar-me como o MDD tinha começado e me contou sobre como ele tinha vivido toda a sua vida preso na gaiola do "sistema". Ele me contou como se tornou um milionário algumas vezes e Deus tirou tudo dele porque era hora de servir a humanidade de maneira diferente.

Falou sobre como o amor de Deus mudou sua vida e como David Berg estava lutando por um amor tão puro e tão divino, que poucos de nós, humanos, poderíamos entender ou ter a capacidade de viver. Enquanto ele falava, o quarto ficou em silêncio e eu não pude mais ouvir uma palavra sequer que saía de sua boca. Eu sabia que tinha de fazer uma escolha. Poderia me fazer acreditar em tudo ou poderia me desligar dele e ficar completamente sozinha na minha jornada novamente. Eu queria tanto acreditar que o amor do qual ele falava era real. Eu queria confiar em suas palavras e colocá-las acima da minha raiva e da minha história. Parte de mim sentiu que, se eu pudesse me enganar e acreditar nesse conto de fadas, talvez eu me livrasse da dor, talvez eu curasse aquelas feridas e pudesse finalmente entender por quê... Por que eles fizeram isso comigo? Se eu pudesse entender o porquê, eu conseguiria perdoar e apagar isso da minha mente.

PARTE DE MIM SENTIU QUE, SE EU PUDESSE ME ENGANAR
E ACREDITAR NESSE CONTO DE FADAS,
TALVEZ EU ME LIVRASSE DA DOR, TALVEZ EU CURASSE
AQUELAS FERIDAS E PUDESSE FINALMENTE ENTENDER
POR QUÊ... POR QUE ELES FIZERAM ISSO COMIGO?

O som da voz forte de Júlio chamando meu nome enquanto ele me entregava alguns livros me tirou de meus pensamentos. "Aqui está, leia isso e tenho certeza de que você vai se sentir muito melhor. Leia como se estivesse ouvindo tudo pela primeira vez".

Então eu li todos aqueles livros novamente. Precisei desapegar-me de algum modo da minha história e de todas as lembranças que surgiam a cada palavra que eu lia. Meu amor e minha dedicação às coisas que eu estava lendo já estavam enraizados em minha mente. Tudo o que eu tinha de fazer era dar um significado que me ajudasse a ver sentido naquilo, então David Berg tornou-se Júlio e Júlio tornou-se David Berg. E assim eu conseguiria ler como se fosse Júlio falando comigo. E Júlio me amava, ele me protegia. Eu sabia que ele nunca faria ou diria nada que me machucasse.

Dia após dia, observei como as coisas funcionavam nessa comunidade, o que Júlio pregava e se suas ações coincidiam com suas crenças.

Eu queria tanto acreditar, tinha esperança de que isso pudesse ser verdadeiro, era tudo o que tinham me ensinado, mas desta vez sem a parte ruim, sem hipocrisia, abuso mental e emocional e os homens eram tão amorosos e genuinamente preocupados, sem intenções sexuais.

Um ano se passou e minha dedicação a essa comunidade tornou-se uma sólida crença. Eu finalmente encontrei a peça que faltava e aquelas se tornaram minha casa e minha família.

Um dia Júlio me convidou para um passeio no shopping, eu me senti muito especial e privilegiada, porque ele sempre estava muito ocupado e as pessoas com quem passava mais tempo ensinando e compartilhando sua sabedoria sempre foram consideradas "os futuros líderes escolhidos", e eram respeitadas pelo restante do grupo.

Eu nunca havia sido considerada ou me sentido especial de nenhuma forma na minha vida inteira. Era sempre o contrário comigo. Eu era a criança que sofria por se rebelar e era punida por desobediência quase diariamente. Além disso, eu sempre me senti abandonada pelo meu pai, e nunca me conectara de nenhum jeito com ele. O que eu sabia sobre os homens era temê-los e seguir suas instruções porque eram como Deus e representavam Seu poder e Seu controle.

Mas Júlio, ele não era assim, era gentil e humilde, falava com uma voz calma e forte, seus olhos emanavam tanto amor e sua sabedoria era um presente que eu nunca tinha visto em outra pessoa.

Falamos sobre experiências passadas e sobre Deus, e suas palavras eram tranquilizadoras, embora às vezes eu nem soubesse do que ele estava falando. Ouvi muito na minha vida, sabia tudo sobre a Bíblia e Deus, mas nunca senti-ra verdade, tudo o que queria era absorver todo o amor que estava recebendo.

Andamos pelo shopping e tomamos sorvete juntos, olhando para uma loja muito elegante. Júlio virou-se para mim e sorriu: "Sabe, Sol, você tem um dom muito especial dentro de você, está escondido sob tanta dor e ódio, mas isso não significa que não esteja lá. Você tem uma voz, e deve ser ouvida, você tem uma melodia que precisa ser tocada.

"Eu sei que você odeia música porque isso a faz lembrar da sua mãe, mas a voz dela me salvou um dia em um momento muito sombrio da minha vida e é por isso que estou aqui hoje tendo a oportunidade de salvar você".

Olhei para ele com olhos de incredulidade, não queria falar sobre minha mãe, e certamente não acreditava que eu tivesse uma voz nem qualquer coisa para oferecer.

Eu costumava odiar quando minha mãe se reunia e cantava com a minha irmã. Incomodava-me demais não conseguir parecer com elas e nunca ser boa o suficiente. Minha irmã tinha um vínculo tão forte com minha mãe que eu nunca consegui ter.

Interrompendo meus pensamentos, Júlio me chamou na loja, "Venha, vamos ver um vestido para você", ele disse com um grande sorriso no rosto. Fiquei tão envergonhada que não sabia onde me esconder.

"Posso ajudá-lo, senhor?", "Sim", Júlio respondeu com um sorriso: "Esta linda jovem será, um dia, uma cantora muito famosa, e ela vai tocar milhões de vidas, ela é muito especial como você pode ver, então... por favor encontre o vestido mais bonito que você tem para ela".

Eu não podia acreditar que Júlio estava fazendo aquilo, "Júlio, pare", eu sussurrei ficando cada vez mais vermelha.

"Aqui está", a vendedora desceu as escadas com um lindo vestido violeta, que tinha belas pedras que brilhavam como diamantes e deslizava como seda.

Recusei-me a colocá-lo, mas Júlio me fez pelo menos colocá-lo em frente ao meu corpo e olhar para o espelho.

Era muito lindo. Levei alguns minutos para conseguir me olhar, mas quando o fiz era como se eu tivesse entrado em um conto de fadas e eu fosse a princesa, ninguém me julgando, eu não era mais uma decepção. Eu era linda, amada e apreciada. "Você está tão bonita", sussurrou Júlio, "você pode ver? Você estará um dia em um palco, com o vestido mais bonito e você vai tocar as pessoas de maneiras que você nunca imaginou."

Naquele momento, eu sabia que Júlio acendera uma pequena chama dentro do meu coração, que um dia me ajudaria a recuperar o amor e a esperança em mim mesma. Embora eu tivesse perdido toda fé em mim, eu não queria decepcionar os bons sonhos de Júlio sobre quem eu era. Então joguei o seu jogo, eu mal sabia quanto sua fé em mim poderia realmente me trazer de volta à vida, e de volta ao amor e à minha essência. Aquela que ele viu o tempo todo...

No entanto, quando pensei que ele tinha ido longe demais, fui completamente surpreendida no momento em que ele me levou para a próxima loja e disse a todas as vendedoras que eu queria cantar uma música para elas.

Essa foi a primeira vez que eu realmente quis matá-lo! "Júlio, eu não canto", sussurrei com uma expressão óbvia. Ele olhou para mim e com um doce sorriso disse: "Sim, você canta e elas adorariam ouvir você!".

Contra minha vontade, concordei, pois sabia que Júlio não desistiria e quanto mais depressa eu fizesse isso mais rápido poderia sair daquela situação horrível!

Cantei, suando e completamente vermelha, mas consegui terminar a música viva. Meu coração estava batendo tão forte que pensei que sairia do meu corpo. Quando terminei a música, Júlio me olhou com muito orgulho, e ao meu redor, eu só via lágrimas nos olhos das pessoas da loja. Eu sabia que soava como um instrumento trêmulo e desafinado, mas ainda assim ele me olhava com olhos tão orgulhosos que não importava quanto eu quisesse odiá-lo naquele momento, era quase impossível. "Viu? Você tocou essas pessoas, olhe os olhos cheios de lágrimas", Júlio abriu um sorriso, como se estivesse dizendo "eu te disse".

A partir daquele momento comecei a descobrir meu valor, comecei a pensar que talvez eu tivesse algo a oferecer e que durante todo esse tempo eu sempre tive uma voz. As melodias surgiram como gotas de chuva lavando toda a minha dor. Comecei a escrever as músicas que vieram do profundo clamor da minha alma e da gratidão que existia dentro de mim por ter encontrado amor e significado. Naquele dia cheguei em casa e escrevi minha primeira música, chamava-se:

Esta é a minha Oração
Quando o dia escurece e as nuvens cobrem o céu,
Paro e me lembro do momento em que o deixei de lado.
Pensei que não precisava de você, e que tudo ficaria bem.
Procurei por felicidade, busquei amor e procurei por alguém que pudesse compreender a minha alma solitária.
Este é o meu grito, esta é a minha música
Esta é a minha oração para você somente.
Eu me vi sozinha, pensei que era livre,
mas eu era cativa da minha própria liberdade.
As lágrimas rolaram pelo meu rosto, eu sabia
que não poderia continuar mais
e então você veio e me levou pela mão.
Você me mostrou o verdadeiro sentimento de felicidade,
você me mostrou um amor infalível,
e você me mostrou a verdadeira liberdade do coração.
Quero agradecer-lhe por tudo o que fez por mim.
E esta é a minha oração, na qual posso me entregar.
Só agora vejo, você me deu felicidade dentro da minha alma,
você me deu um amor que nunca morre,
e você me deu a verdadeira liberdade.
Esta é a minha oração, que você quebre as correntes que me cercam,
Esta é a minha oração, para que eu possa ser verdadeiramente livre.

Ao terminar a canção, corri para mostrá-la a Júlio. Um dos garotos tinha feito uma melodia linda e cantei com orgulho. Era minha música, era o melhor de mim que Júlio havia extraído. É claro, porém, que eu ainda era muito tímida e não tinha absolutamente nenhuma autoestima ou confiança. Demorou tanto para que eu cantasse, senti-me tão desconfortável e envergonhada. Mas por Júlio eu faria qualquer coisa. Quando terminei a música, Júlio apenas sorriu, olhou em volta para os outros membros e voltou para mim. "Garotinha, precisamos gravar esta música." "Gravar? De jeito nenhum", retruquei rapidamente. Ele estava forçando demais. Já era tão difícil cantar apenas para ele, imagine gravar. "Não, Júlio, não há como gravar esta música ou cantar para outras pessoas. Foi feita para você, e apenas para você." "Ok", Júlio concordou, "mas posso propor algo?" "O quê?" Eu não seria convencida facilmente. "Bem, eu acredito que esta música é poderosa, porque é a mais pura verdade. Gostaria de tocar as pessoas e ajudá-las com a sua música? Então, você pode cantar esta música ao telefone para um amigo meu, se ele chorar e se emocionar com sua mensagem, então você a grava, se ele não fizer isso, eu largo mão e você não precisa cantar para ninguém."

Eu estava totalmente convencida de que ninguém ouviria minha música por telefone e choraria, parecia uma situação ganha-ganha. Então, concordei e cantei enquanto ele segurava o telefone. Quando a música terminou, ele o colocou em meus ouvidos, e tudo o que pude ouvir foi alguém do outro lado soluçando e depois veio uma voz familiar:

"Dawn? Dawn, é você? Isso foi tão bonito."

Imediatamente as lágrimas começaram a descer pelo meu rosto. "Mamãe? Não posso acreditar que é você."

"Sim, Dawn, eu estou tão feliz por você, essa foi a música mais bonita que já ouvi."

Eu me senti tão envergonhada e tão vulnerável, mas, ao mesmo tempo, era libertador.

Olhando para Júlio, eu não sabia se batia nele ou se o abraçava. "Eu não posso acreditar que você fez isso, Júlio", eu disse. Eu não sabia se eu estava rindo, chorando ou pulando de alegria. Foram tantas as emoções diferentes que eu estava sentindo. Naquele dia algo foi destruído, a imagem inquebrável que eu construí para me proteger. A criança ferida e a alma sempre em busca de algo agora estavam expostas e, apesar de ser tão desconfortável, era tudo de que eu precisava. Eu desejava ser vista por quem eu realmente era. Naquele dia, sem perceber, deixei minha mãe entrar no meu espaço mais vulnerável, e ela não podia fazer nada além de me amar. Eu a deixei entrar e não havia nada mais que eu pudesse fazer além de aceitar e ser essa criança – a que quer o amor e a proteção de sua mãe.

A CRIANÇA FERIDA E A ALMA SEMPRE EM BUSCA DE ALGO AGORA ESTAVAM EXPOSTAS E, APESAR DE SER TÃO DESCONFORTÁVEL, ERA TUDO DE QUE EU PRECISAVA.

Quando somos crianças pequenas vemos nossos pais como super-heróis. Em uma realidade tão nova e assustadora, apegamo-nos a eles como nossa única fonte de proteção, segurança e sobrevivência. Seus superpoderes superam qualquer coisa, eles sempre sabem o que dizer e não temem o mal. Eles são invencíveis, nós nos espelhamos neles e confiamos nossa vida em suas mãos, afinal, eles nos trouxeram ao mundo.

Então, nós crescemos e começamos a sentir dor, ficamos com raiva porque eles não estavam lá para nos proteger. Nós os culpamos porque, de alguma forma, ainda acreditamos que, se eles tivessem usado seus superpoderes, nada de ruim poderia ter acontecido. Ainda pensamos que podem resolver todos os problemas e estar presentes em todos os lugares da nossa vida. Daí, o insuportável e inaceitável acontece, eles se tornam a fonte da dor. Primeiro, começam com as palavras: “Eu não acho que você consegue”; “Por que você sempre faz coisas erradas?”; “Você se tornou uma decepção”... e essas palavras começam a cavar um buraco tão profundo que parece que elas chegam à sua alma.

Depois disso, vêm a distância, a rejeição e, a seguir, as únicas pessoas que você amou incondicionalmente e nas quais já confiou tornam-se a sombra por trás de tudo o que você é, faz e luta tanto para ser. Nós temos necessidade de ser aceitos e amados, porém se nossos próprios super-heróis nos ferirem, então imagine do que são capazes as pessoas “normais”.

Isso começa a modificar a forma como vemos a vida ao nosso redor, modifica a maneira como nos relacionamos com as pessoas e os relacionamentos que criamos. Sempre tentando provar nosso valor e, nesse esforço, esquecemos que nosso valor é algo que nunca podemos ganhar, nascemos com ele, e ninguém tem o poder de tirá-lo de nós.

Nós nos tornamos viciados em buscar outros heróis que de alguma forma possam preencher esse espaço vazio e, durante essa jornada, começamos a cair mais fundo no buraco que um dia nossos pais deixaram, porque ainda estamos procurando por algo que simplesmente não existe.

SEMPRE TENTANDO PROVAR NOSSO VALOR E, NESSE ESFORÇO, ESQUECEMOS QUE NOSSO VALOR É ALGO QUE NUNCA PODEMOS GANHAR, NASCEMOS COM ELE, E NINGUÉM TEM O PODER DE TIRÁ-LO DE NÓS.

Super-heróis que, com apenas um estalar de dedos, fazem toda a dor desaparecer, seres evoluídos que nunca erram, nunca decepcionam e são para sempre imunes a toda a escuridão.

Nós demos uma responsabilidade injusta a pessoas humanas como nós. Colocamos todas as expectativas neles e pedimos deles algo que tentaram muito alcançar, mas que é humanamente impossível, e agora vivem na própria sombra de culpa e vergonha.

E o ciclo de dor continua a sua jornada ao longo da próxima geração.

Minha mãe é o ser humano mais incrível que conheço.

Não porque ela sempre estivesse lá para me proteger quando eu precisava, não porque ela nunca me machucasse e não porque ela sempre fosse forte e imbatível.

Ela se tornou minha heroína porque me ensinou através da sua vida que não importa quanta dor (e quero dizer DOR mesmo) um ser humano pode enfrentar nesta vida, nada pode tirar dele sua alegria e seu amor.

Ela me ensinou o que realmente era a resiliência quando eu a vi voltar a ficar de pé depois que a vida a derrubara, mais de uma vez. E ela me deu o meu maior presente, ela me ensinou o que realmente era o perdão.

Naquele dia, escrevi uma carta que precisava ser liberada de dentro de mim. "*Mãe,*" eu comecei a escrever,

> *Finalmente entendi você. Tanta coisa aconteceu, tanta coisa mudou. Eu posso finalmente te ver. Minha dor me manteve cega por tantos anos, eu parei de me lembrar dos momentos em que você ficou acordada a noite toda massageando minhas pernas porque eu estava chorando de dor.* (Eu sentia dor nos ossos das pernas porque desde bebê eu tinha deficiência de cálcio, o que fazia meus ossos doerem muito) *Ou as muitas vezes em que você me protegeu e me defendeu para que eu não fosse punida. E todas as vezes que você leu histórias para mim e fez tudo o que pôde, com o que você tinha, para ser a melhor mãe. Por tanto tempo não pude perdoá-la porque eu não conseguia entender você. Não entendia por que você confiou as chaves de sua vida, mente e coração a um homem tão mau, que, através de você, também era dono da nossa vida, como se fôssemos dele.*
>
> *Mas agora eu entendo, porque eu também coloquei as minhas chaves nas mãos de pessoas que não sabiam o que fazer, que me roubaram do meu lar e agora me encontro na viagem de volta. E a única maneira de recuperar essa chave e voltar para casa é entender o que não é meu, o que foi plantado em mim por outra pessoa, ou até produzido por mim, mas com base em fatos que não eram verdadeiros.*
>
> *Você confiou na pessoa errada, e eu também. Mas quer saber? Eu não mudaria nada, porque depois de toda a bagunça, eu finalmente entendi, finalmente posso ver... Você me amou, eu sempre fui o suficiente para você, eu era perfeita do jeito que eu era e você fez tudo o que pôde com o que você tinha para cuidar de mim. Você confiou, você amou, você deu sua vida para servir a Deus, e* ***isso é o que importa.***

Foi realmente "ver" minha mãe como de fato ela era, que me ajudou a entender o que o perdão significava. Não era ser o juiz e decidir quem estava certo ou errado. Quem merecia misericórdia e quem não a merecia. Significava a compreensão de algo que mudaria minha vida para sempre. Foi o fato de que... **eu não fui a única que sofreu.**

MAS QUER SABER? EU NÃO MUDARIA
NADA, PORQUE DEPOIS DE TODA
A BAGUNÇA, EU FINALMENTE ENTENDI,
FINALMENTE POSSO VER...
VOCÊ ME AMOU.

CAPÍTULO 5

as coisas começam a ficar claras

Júlio tinha feito de novo... Como se faz com uma flor, ele começou a abrir um botão por vez.

Tudo começou a fazer sentido para mim, e minha vida já não parecia ser um erro. Eu vi minha vida através dos olhos dele e as possibilidades eram infinitas. Comecei a amar trabalhar com pessoas e falar sobre Deus e o amor.

Pela primeira vez, toda palavra que saía da minha boca era genuína e verdadeira. Ninguém estava me forçando e eu não estava no "modo robô" no qual dizia exatamente o que eu fora programada para dizer. Eu me sentia tão amada por Júlio, embora houvesse algumas pessoas na comunidade que eu sabia que não gostavam de mim e, para dizer a verdade, eu realmente não me importava com isso. Tudo o que eu precisava era de um pai, um homem que me amasse e me protegesse, alguém que representasse o amor de Deus, aquele no qual eu sempre acreditei internamente, mas nunca tinha visto.

Dois anos se passaram como se fossem apenas alguns dias.

Aos poucos, comecei a assumir mais responsabilidades na comunidade e sentia cada vez mais que aquele era o lugar em que viveria o resto da minha vida. Passava a maior parte do tempo cuidando das crianças e do estúdio de gravação. Júlio começou a gravar muitos CDs e algumas das músicas eram minhas.

Continuei escrevendo canções que representavam as mudanças pelas quais eu passava internamente. Muitas delas falavam sobre fé e que, não importava quão triste ou sozinha eu me sentisse, sabia que Deus me ajudaria a seguir em frente. Muitas falavam sobre a gratidão que sentia por esse novo amor, por Júlio. Falavam sobre novos começos, sobre não tentar dar sentido à dor, mas aceitá-la e abraçá-la.

Entretanto, a vida na comunidade nem sempre foi cheia de amor. Parecia que existia uma batalha constante entre os membros para alguém se tornar um dos favoritos de Júlio. Todos pareciam amá-lo e odiá-lo ao mesmo tempo.

Às vezes eu sentia que todos na comunidade sabiam mais do que eu, como se eles tivessem um grande segredo do qual eu sempre era deixada de fora. Comecei a pensar que eu era o problema, não era espiritualizada o suficiente ou talvez tivesse de ganhar o respeito de Júlio. Era engraçado porque às vezes eu ficava durante horas pensando sobre o que eu não estava vendo. Por algum motivo, porém, eu não fui completamente convidada para o círculo interno.

Eu não me dava bem com algumas das mulheres da comunidade, muitas delas tinham personalidade muito forte e, por causa de nossas diferenças de cultura e mentalidade, batíamos de frente. Também sentia como se houvesse muita concorrência para ver quem era o mais espiritualizado, livre e revolucionário. Eles começaram a tentar viver a "Lei do Amor", fazendo troca de casais, o que sempre acabava com alguém chorando na mesa do café da manhã dizendo como isso o estava magoando.

Eu sempre me mantive quieta. Pensava que era tão destrutivo e ridículo eles tentarem fazer isso funcionar... Cresci nesse ambiente e vi todo o estrago que causou. Talvez, se Júlio pudesse ter visto quais eram as consequências de uma crença tão destrutiva, mas, de novo, não queria questioná-lo nem começar a me fechar para ele. Mas, enquanto observava essas coisas avançarem, os mesmos sentimentos e as memórias do meu passado eram disparados. Eu já estava havia três anos sem nenhum tipo de contato sexual com nenhuma pessoa.

Eu não queria começar a questionar Júlio, mas ele continuava a fazer certas coisas que eu achava muito estranhas. Tinha ficado muito distante de Edna, sua esposa, e ela foi colocada para dormir no meu quarto no beliche superior. Eu a ouvia chorar todas as noites e sabia que ela ainda o amava muito, não só como líder espiritual, mas também como homem. Eu não sabia o que havia acontecido, pois essas coisas sempre foram rotuladas como "Não é a vontade de Deus ou a maneira de ensinar ou punir de Deus". No entanto, a história real por trás disso nunca foi dita.

Um dia, Júlio chegou em casa com uma garota muito jovem dizendo que ela era sua nova discípula e amante, Laura. Ele havia explicado que essa jovem estava a ponto de se matar e Deus lhe disse que tinha de amá-la e protegê-la. Não entendi por que ele precisou transformá-la em sua amante. Ela poderia ser sua filha. Não fazia sentido para mim.

Laura se mudou para a comunidade e sempre foi muito quieta. Parecia uma garota muito mimada e se safava fazendo coisas que Júlio não aceitaria, se qualquer outro membro fizesse. Parecia haver sempre essa tensão na casa, como se algo estivesse errado, mas ninguém falava nada. Eu adorava a forma como Júlio era tão amoroso e atencioso com seus seguidores, ele realmente acreditava neles e sinceramente queria trazer o melhor deles. No entanto, sua relação com as mulheres na casa era definitivamente diferente da maneira como ele tratava os homens. Ele sempre estava brincando com as meninas e beijando-as. Isso me incomodava, mas achava que era um tipo de amor de pai. Eu realmente não queria olhar para ele e ver o que eu havia visto nos homens que conheci durante toda a minha vida.

Uma noite em que eu estava ajudando uma das mães jovens a trocar as fraldas de seu bebê, notei que ela estava muito triste e perguntei-lhe o que estava acontecendo. Ela me disse que seu marido tinha ido "compartilhar seu amor" com uma das outras mulheres que vivia conosco. Ela, então, colocou a mais linda lingerie e esperou que seu marido voltasse, porém ele não o fez. "Mas não posso ficar com ciúmes", ela disse, confortando-se, "eu tenho de sacrificar minha alegria para que os outros possam experimentar o que eu tenho todos os dias."

Não importava o que ela dissesse, nada me convenceria de que o que eles estavam fazendo era o verdadeiro amor.

Vi a tristeza em seus olhos, e eu já tinha visto esse mesmo olhar muitas vezes.

Fui ao meu quarto e todas as minhas lembranças voltaram como ondas fortes. Eu agora estava zangada e só queria poder gritar com toda a minha voz, "Vocês estão entendendo tudo errado!", "Júlio, por que você está permitindo isso?". Eu não sabia qual era o caminho certo nem a forma pela qual podíamos manifestar o mais puro de nosso amor, mas eu sabia que ir contra nossos valores pessoais para nos tornar mais espirituais e mais amorosos não era o caminho. O amor não está ligado à sexualidade, o amor não é uma tortura emocional em que você alcança os limites da sua capacidade de se desconectar do que o torna humano. Essa "Lei do Amor" parecia apenas beneficiar os homens, pois alimentava o que já estava em seus instintos. Contudo, nós, mulheres, mães da vida e do amor, conhecemos em nossa essência o que é realmente o Amor . E ir contra isso é como matar uma parte de quem somos.

Para mim, tudo aquilo era apenas uma desculpa para alimentar o ego e os desejos carnais. Por mais que eu quisesse acreditar, nada parecia certo. Não parecia certo na minha infância, não parecia certo quando era adolescente e definitivamente não era certo agora.

EU NÃO SABIA QUAL ERA O CAMINHO CERTO NEM A FORMA PELA QUAL PODÍAMOS MANIFESTAR O MAIS PURO DE NOSSO AMOR, MAS EU SABIA QUE IR CONTRA NOSSOS VALORES PESSOAIS PARA NOS TORNAR MAIS ESPIRITUAIS E MAIS AMOROSOS NÃO ERA O CAMINHO.

Eu não tinha nada que pudesse apoiar o que estava sentindo. Tudo o que aprendi dizia que essa era a maneira de viver, a única maneira. Eu ainda sabia muito pouco do mundo exterior e de todas as ideias diferentes que estavam lá fora. Eu não sabia nada sobre as outras religiões, tudo o que sabia e aprendera era que elas estavam todas nos caminhos errados.

Essa era a última coisa que eu queria. Eu queria que Júlio ficasse orgulhoso de mim. Tinha medo de perdê-lo, até que um dia meu maior medo se tornou verdade. Levantando para preparar a mesa do café da manhã, coloquei todos os pratos e o pão recentemente aquecido. Eu tinha selecionado algumas citações inspiradoras e coloquei-as sob os copos. Todos nós tínhamos um dia de preparar a mesa do café da manhã antes que todos acordassem. Era minha atividade favorita. Eu adorava fazer coisas divertidas e interativas para o café da manhã. Naquele dia, porém, a mesa ficou muito silenciosa, e percebi que algo não estava certo. Ao terminar nossa refeição, Júlio olhou ao redor da mesa e disse que acabara de receber uma confirmação do médico de que ele tinha câncer no esôfago. Meu coração imediatamente ficou apertado e parecia que por um segundo tudo ficara escuro. "Não, não, não, você não pode levá-lo", sussurrei. Meu coração estava pesado e não conseguia segurar as lágrimas que corriam sobre meu rosto. "Por quê, Deus, por quê?", perguntei. Júlio era o pai que eu nunca tinha tido, ele era meu porto seguro, se ele fosse embora o que restaria? Senti que tudo estava sendo tirado de mim de novo.

Uma semana depois, ele foi para o hospital em uma cidade próxima que tinha melhor atendimento médico e poderia prepará-lo para a cirurgia. Nunca me esqueci daquele dia, 18 de agosto, meu aniversário. Chorei todos os dias até dormir e implorei a Deus que não o tirasse de mim. Todos os dias ouvimos sobre como ele se sentia e como estava se preparando para a cirurgia. Ele nos enviou fotos dele vestido como um palhaço e animando os outros pacientes nos quartos próximos do dele.

Júlio sempre teve uma maneira de levar amor e alegria para onde quer que fosse. E mesmo agora, no momento mais assustador de sua vida, ele não estava preocupado com a vida dele, estava preocupado com seus companheiros de quarto e os que sofriam naquele hospital frio e nada convidativo. Logo chegou o seu momento. Ele entrou em cirurgia e ficou em semicoma por alguns dias.

Não saber como ele estava era a parte mais difícil, mas logo recebemos um telefonema e, para nossa surpresa, era Júlio. Ele acabara de ficar totalmente consciente e a primeira coisa que queria fazer era nos ligar. Ele falou com cada membro da comunidade e depois eles me passaram o telefone. "Sol", ele sussurrou com uma voz grogue, "feliz aniversário, minha querida, feliz aniversário!" Ele se lembrou do meu aniversário, "Júlio, como você está? Eu sinto tanto a sua falta". "Estou indo muito bem, você sabe, eu continuei a ouvir sua voz cantar para mim. Meu filho colocou fones de ouvido quando não conseguia me mover e nem mesmo falar, mas, quando ouvi sua bela voz, ela me deu esperança, ela me trouxe fé."

"Volte, Júlio, volte logo. Eu te amo."

Passaram-se algumas semanas, e Júlio voltou. Quando o vi, ele me assustou, estava tão magro que seus ossos apareciam, mas ele tinha um grande sorriso no rosto. Seus olhos estavam cheios de alegria enquanto ele abraçava todos. Eu queria lhe dar um abraço apertado, mas ele parecia muito frágil e fraco. Todos nós nos sentamos juntos na sala de estar e o ouvimos contar as histórias de todas as pessoas legais que conheceu no hospital, todos assistimos a Patch Adams[4] e ele nos contou quão bom era ajudar outras pessoas que estavam piores do que ele, era quase como esquecer por um tempo aquilo por que ele estava passando. Ele falou sobre como queria criar projetos como Patch Adams e trazer alegria e amor para ambientes como os hospitais. Por causa da cirurgia, Júlio não podia mais comer pela boca e até mesmo a saliva ele precisava eliminar. Machucava-me vê-lo dessa maneira, mas não parecia incomodá-lo. Ele passou por tudo com tanta graça, que eu o admirava profundamente.

Alguns meses se passaram e, lentamente, Júlio começou a ficar mais forte. Embora sempre precisasse viajar à cidade vizinha para fazer seus tratamentos. Esse ritmo começou a ser muito cansativo para ele, então decidiu se mudar com alguns de seus membros para a capital, uma cidade mais desenvolvida, onde ele poderia obter tratamentos e cuidados gratuitos. Quando ele chamou meu nome como um dos membros para acompanhá-lo meu coração explodiu de alegria! Eu me senti privilegiada e aliviada. Fiquei muito feliz porque na comunidade todos tinham alguém especial e sempre me senti solitária e excluída. Agora, éramos quase todos solteiros. Eu também estava muito feliz porque havia ali um amigo meu do qual eu gostava muito, e ele também se juntou ao grupo.

A capital era para mim um presente, e tudo o que eu queria era estar perto de Júlio. Eu sabia que a vida ia tirá-lo de mim em breve e tudo o que eu queria era passar o tempo todo com ele. Também foi animador estar em campo novamente. Cuidei das crianças por anos na comunidade, e agora tudo o que eu queria era trabalhar com adultos. Começamos a fazer animação vestidos de palhaços nos hospitais e a fazer palestras com Júlio. Logo formávamos grupos nas universidades, hospitais e nas casas das pessoas. Eu adorava sair e ajudar as

4 Famoso médico norte-americano e ativista social que revolucionou o tratamento de enfermos com sua metodologia que inclui bom humor e amor. (N.E.)

pessoas a atravessar momentos difíceis da vida delas e falar sobre Deus e amor. Estava tão preenchida com isso que não era algo difícil de falar, eu estava literalmente transbordando.

O primeiro ano foi pura magia. Passávamos horas apenas ouvindo os ensinamentos de Júlio sobre autoconhecimento e aprendendo a eliminar coisas como ego, orgulho, egoísmo. Passávamos horas e horas falando sobre os maus pensamentos que tínhamos e sobre como eles influenciavam a nossa vida. Júlio falou sobre a importância de nos limpar de todos os pensamentos sujos e atitudes ruins antes de sairmos ao mundo para ajudar as pessoas. Ele dizia que, se não estivéssemos puros e limpos, contaminaríamos os outros com nosso lodo emocional. Diário após diário, escrevia pedindo a Deus para me ajudar a me tornar uma pessoa melhor.

(09/09/2008 – Meu diário)

Querido Deus,

Meu coração sangra, este deserto é quente e parece que não há água para aliviar. Às vezes eu acho que minha cabeça vai explodir em pedaços. Quero continuar crescendo, eu preciso ouvir Sua voz na minha cabeça. Os dias passam e mais eu me desespero por Você, por favor, Deus, preencha-me com Seu amor. Eu queria que minha mente parasse por apenas um minuto. Eu me sinto frustrada, tenho sentimentos de arrependimento por muitas coisas que eu poderia ter feito de forma diferente, tão estúpida sempre tomada por minhas emoções. Isso sempre me levou a lugares que me trouxeram apenas dor e o sentimento de desapontar a pessoa que mais amava.

Aqui estou novamente a Seus pés, procurando por Suas respostas.

Desde o dia em que Você me mostrou que tudo deu errado, não sei o que Você quer de mim. Eu sinto que sempre estou perdendo o ponto, sinto-me falsa, sinto-me como uma perdedora em todos os sentidos. Minha cabeça dói por ter se rendido a tanto tormento, não quero ceder, não quero ser desobediente. Sinto que estou falhando com Você. O que aconteceu comigo, o que aconteceu com meu amor por tudo isso, porque se não for por amor, estou fora daqui. Neste mundo eu me tornei prisioneira da minha própria mente, do meu orgulho, dos meus defeitos, do meu ego, e meus velhos caminhos me mantêm presa. Às vezes, sinto que ninguém compreende que ainda faltam algumas peças para que eu entenda. Por favor, perdoe-me, Deus, eu quero fazer as pazes com Você, eu quero fazer Você se orgulhar, eu quero fazer Júlio se orgulhar. Afaste-me de todo o mal, tire tudo o que ainda me impede de ver o todo. Eu quero ser o que Você quiser que eu seja. Tudo isso está me deixando louca. Eu preciso ganhar minhas vitórias, e rapidamente, ajude-me Senhor, antes que seja tarde demais. Eu não quero desistir no mundo físico e muito menos no mundo espiritual, no entanto, estou cansada de lutar.

Mas... quando olho para trás, a paz invade minha alma porque vejo que estou a apenas alguns passos da vitória. Finalmente descobri que, porque eu sou uma bagunça, Você me escolheu, porque Você usa homens quebrados de corações humildes. Isso é o que faz um guerreiro. Eu nunca quis aceitar minhas fraquezas, então, para esconder minha incapacidade, meu orgulho tenta emendar a ferida de novo e de novo, mas hoje eu entendo Seus caminhos, Senhor, com certeza não são os meus. Quero ser grande para agradá-Lo, mas Você só pode me usar quando eu me tornar pequena, quando estiver fraca e com os braços quebrados. Eu busco por Você com os pés trêmulos. Luto para fazer isso, e a Você eu entrego tudo. Perdi tudo, exceto o tesouro que carrego na minha fé e nunca morrerá.

Pude entender o verdadeiro valor de um homem por cada lágrima que ele derramou, cada ferida que ele sangrou, através de tudo o que ele passou mantendo-se fiel e forte até o fim, lutando pela sua fé, pois é tudo o que levamos. Estou em uma encruzilhada onde eu ando sozinha sem nenhum lugar para me esconder. Estou por minha própria conta, a única bagagem que levo é minha fé que me guiará para o meu lar. Preciso quebrar essas paredes que me cercam, pois eu as construí com minhas próprias mãos, estou cansada de ser cativa de meus próprios caminhos, meus próprios planos. Posso ouvir Você me chamar, a melodia que está dentro da minha alma. Você me faz completa, estou indo para casa, não estou sozinha.

Cegamente, sigo. A canção do meu coração chama por Você. Eu sigo, eu sigo.

Em quase todos os diários pedi a Deus que me perdoasse e ajudasse a me livrar de todas as impurezas que eu carregava. Foi uma época muito difícil para mim na comunidade, eu tinha muita dificuldade em me dar bem com alguns dos membros. Todos nós tínhamos personalidade forte e, por mais que eu tentasse me encaixar, havia muitas ideias preconcebidas sobre mim pelo fato de eu ter crescido nos terríveis Meninos de Deus. Nunca esqueci o dia em que uma menina veio passar alguns meses conosco. Ela era do MDD e acho que, quando éramos muito jovens, vivíamos juntas. Era tão bom estar perto de alguém que entendia de onde eu tinha vindo e era muito mais fácil me conectar com ela. Nós fazíamos as coisas juntas, e em pouco tempo ela se tornou uma boa amiga. Júlio e os outros membros costumavam dizer que nós, que viemos do MDD, sempre carregávamos espíritos malignos e precisávamos ser limpas deles. Eles disseram que ela tinha espíritos ruins que a faziam ser lésbica e, porque nos haviam pego tomando um banho juntas, ela com certeza estava me contaminando. Isso parecia muito ridículo para mim. Durante toda a infância tomamos banho juntas com todas as outras crianças. Para nós era puro, nem pensávamos que fosse algo errado. Entretanto, dia após dia, eu os ouvi ensiná-la sobre seus maus espíritos e como eu também os tinha. Eles a fizeram queimar todas as suas roupas e depois pular na piscina para se limpar de todo mal.

Eu pensei que era um ato muito hipócrita. Eles nos julgaram e disseram que nós éramos menos, mas eles fizeram as mesmas coisas e seguiram as crenças de David Berg. Nós éramos apenas crianças e nem tivemos escolha. No entanto, agora queríamos servir a Deus e fazer algo de nossa vida, mas éramos vistas como o fruto de uma árvore ruim, a mesma árvore que eles próprios seguiam e cujos atos eles também cometiam.

Mais uma vez, tentei não pensar muito nisso e sabia que expressar o que pensava só traria mais confusão para nós. Eles se certificaram de que não estávamos passando muito tempo juntas e logo ela deixou nossa comunidade. O dia em que ela nos deixou foi muito triste para mim. Era como se a única pessoa que realmente me entendia fosse embora. Eu ainda amava e admirava Júlio, mas agora começava a perceber que havia coisas que eu achava que ele nunca entenderia. Tanto quanto eles tentaram me convencer de que essa garota estava cheia de demônios de sedução e lesbianismo, eu sabia que ela era apenas um produto do que vivemos todos os dias da nossa infância, e que, se havia alguma coisa que nós éramos, eram mulheres machucadas e confusas.

Eles, porém, nunca entenderiam isso, então parei de tentar explicar.

A jovem secretária e amante de Júlio estava claramente cansada de tudo isso. Muitas vezes nós os ouviámos brigar, e ela saía da casa. Ela era a mais nova de nós, e muitas vezes me perguntei o que Júlio viu nela para estar tão apaixonado. Ela era muito desrespeitosa e imatura, mas, conforme o fim se aproximava, comecei a mudar minha maneira de vê-la. Independentemente de quantas vezes ela não teve tanta paciência e não soube como lidar com certas coisas, ela sempre esteve lá para o Júlio. Ela dedicava cada momento do dia para cuidar dele e ter certeza de que ele estava bem. Ela passou noites acordada e dias no hospital enquanto ele fazia a quimioterapia. Ela o amava muito, e eu sei que, se não fosse por ela, Júlio não teria chegado tão longe quanto chegou.

SE HAVIA ALGUMA COISA QUE NÓS ÉRAMOS, ERAM MULHERES MACHUCADAS E CONFUSAS.

No entanto, tentei evitar entrar no caminho dela. Eu aguardava com expectativa as oportunidades de sair da casa e passar tempo ajudando as pessoas. Era uma chance de poder ser completamente eu mesma e fazer o que mais amava. Era um momento em que eu não precisava lidar com todos os grandes egos que viviam conosco, o estresse de quem era o líder e quem era mais espiritualizado do que o outro. Tudo o que eu realmente queria fazer era sair e conversar com as pessoas sobre o poder do amor, eu queria deixar Júlio orgulhoso e queria estar lá para ele. Então me mantive longe o máximo que pude. Às vezes as coisas ficavam estressantes e tudo o que eu queria era sair. Eu sabia que, no momento em que Júlio morresse, as coisas se tornariam sombrias para o meu lado. E para dizer a verdade, o único motivo que me mantinha lá era ele.

Naquele momento da minha vida, eu estava profundamente imersa em um mundo de seguir as regras e me esforçar ao máximo para viver de acordo com elas, da melhor maneira possível. No entanto, sempre parecia que eu não era boa o suficiente. Ser sincera com as coisas erradas que via significava rebelião, cometer erros era inaceitável e ir contra a liderança era traição. Eu não podia me conter quando via coisas que iam contra o que eu sentia ser certo, e sempre fui punida por isso, colocada atrás de portas fechadas. Meus diários estavam cheios de cartas nas quais eu pedia perdão. Eu não queria ser tão cabeça-dura. Desejava poder aceitar tudo e ser suficientemente humilde aos olhos deles para apenas deixar passar e me render completamente.

A verdade era que eu estava perdida. Não sabia mais quem eu era. Parecia que eles sabiam tudo. Eles conheciam todos os meus pontos fracos, conheciam meu passado e meu futuro, eles viam coisas em mim com as quais eu não me identificava, mas pelas quais era confrontada todos os dias. Fazia vários anos que eu não tinha um relacionamento com um homem. Minha vida sexual era um assunto sobre o qual ainda não estava preparada para falar, apesar de saber que era atraente de alguma forma porque muitos dos homens da comunidade gostavam de mim e expressavam seu desejo por mim.

Nunca esqueci o dia em que um deles chegou às nossas "devoções" e expressou como ele amava sua namorada, mas me desejava. Essas palavras me cortaram como uma faca. Tudo o que eu queria era ser amada, ainda não queria nada com o sexo, mesmo estando nos meus melhores anos e sentindo a necessidade dentro de mim, que eu sempre desligava. As mulheres sempre pareciam ter um problema comigo. Elas tinham medo de que eu roubasse seus homens ou seduzisse seus discípulos. Disseram-me que eu tinha um demônio muito forte de sedução. Parte de mim se perguntava como podiam me julgar sem saber a verdade. No entanto, a outra parte ainda estava em um grande nevoeiro e não podia ver claramente. Esse sentimento era torturante. Eu sentia medo de mim mesma o tempo todo. Não queria que um homem me olhasse, com medo de seduzi-lo e me meter em encrencas. Quase nunca usava maquiagem e tentava não atrair atenção. Um bom amigo meu na casa se tornou muito frio e distante comigo porque sua esposa continuava chorando e dizendo que eu o estava seduzindo com meus maus espíritos. Outro era claramente uma mulher vivendo no corpo de um homem, mas, para tentar oprimir seus sentimentos, Júlio e os outros membros tentaram nos tornar um casal. Tentei o meu melhor para ser gentil com ele e agradar Júlio, mas eu sabia que esse membro tinha nojo de mim e eu não podia suportar que ele me tratasse tão mal. Tivemos várias brigas e não havia nenhuma forma de me conectar com ele. É claro que eu me torturaria depois perguntando a Deus por que eu não era amorosa o suficiente. Acredito que parte de mim simplesmente não entendia por que Júlio continuava me empurrando para homens que não tinham nada a ver comigo. Houve um garoto com quem uma vez compartilhei um beijo e ele era um dos meus amigos mais próximos da comunidade. Eu sabia que ele realmente gostava de mim, mas não estava pronta para ter um relacionamento com ninguém e, além disso, Júlio deixou claro que não devíamos ter nada. Eu nunca entendi o porquê. Diversas mulheres na comunidade eram muito ativas sexualmente, e eu me perguntava por que eu, que estava fechada sexualmente por anos, tinha de carregar na testa o rótulo de vagabunda e ladra de homens.

O meu alívio vinha quando estava ajudando as pessoas, cantando e falando sobre Deus.

Nunca esquecerei uma manhã em que estávamos todos juntos na mesa do café da manhã. Júlio nos falava sobre o céu e sobre estar preparado para ir. Ele adorava nos fazer rir e se levantou da cadeira com as calças apertadas e começou a dançar como uma bailarina. Quando a conversa ficava muito pesada ou quando percebia que ficávamos tristes, ele sempre fazia coisas para nos fazer rir até que estivéssemos chorando. Ele nunca quis nos deixar tristes com a sua partida. Ele queria uma festa e todos felizes e cantando quando morresse. Ele tocou uma música, "Eu só posso imaginar", e todos estávamos balançando as mãos no ar, chorando e rindo enquanto ele cantava na cadeira. Eu não podia conter as lágrimas. Senti o coração de Júlio e como ele estava feliz em deixar esta terra. Sabia que estava se preparando e queria que fizéssemos o mesmo. "Leve-me com você", meu coração pediu enquanto eu olhava nos olhos dele, cheios de lágrimas, no entanto, o sorriso dele invadia todo o seu rosto. Era tão bonito, a rendição fluía através de sua alma e, apesar de eu rezar tanto para ele ficar, naquele dia eu soube que ele queria ir. Ele estava pronto para nos deixar e todos nós podíamos sentir isso. Não havia um olho seco, nenhum coração perturbado, nenhuma dúvida. Foi um momento para dizer adeus, um momento para libertar e confiar na vida e em seu propósito. Foi um momento em que todos aceitamos o fluxo da vida, o começo e o fim. Nosso querido Guru chegava ao fim, mas nossos começos tinham se iniciado. Chegara o momento de abrir nossas asas e voar.

O MEU ALÍVIO VINHA QUANDO
ESTAVA AJUDANDO AS PESSOAS,
CANTANDO E FALANDO SOBRE DEUS.

CAPÍTULO 6

luz e escuridão

E lá ficamos, com as mãos no ar, cantando com Júlio, enquanto ele olhava cada um nos olhos, não dizia nada, não eram necessárias palavras.

Revisitar essas memórias me faz perceber que, a partir daquele momento, eu precisava ir fundo em mim mesma para entender o que toda essa experiência com Júlio realmente significava.

A MORTE DE JÚLIO

Passaram-se algumas semanas e havia algo muito estranho no ar. Na mesa do café da manhã, Júlio nos disse que teríamos um dia muito divertido e especial. Ele nos deu dinheiro para comer e um bilhete para assistir a uma peça de teatro japonesa. Nós só tivemos tempo suficiente para ir até o shopping, comer nossa refeição e correr para a peça. Foi tão emocionante. Fugia completamente da nossa rotina. Eu rapidamente me vesti e fui com os outros membros para lá. Júlio disse que estaria por perto nos observando a distância. Correndo para comer, engoli o hambúrguer que estava pela metade na minha boca e disparei para ver o espetáculo. Felizmente, a peça era no próprio shopping e chegamos na hora certa.

Foi uma peça muito interessante, acho que éramos os únicos adultos no meio de crianças entre 5 e 6 anos. Na metade da peça, eles demonstraram como criar a dobradura de uma pomba. Todos nós recebemos um pedaço de papel e tivemos de seguir passo a passo para transformar um pedaço de papel quadrado em uma linda pomba. Eu vi como muitos conseguiram fazê-lo. Eu, em compensação, era um completo desastre. Dobrava aqui e ali, mas não saía nada disso. Fiquei totalmente frustrada. Senti que estava decepcionando Júlio. Deixando o teatro, voltamos para casa. Eu não queria encarar Júlio e não ter a pomba na minha mão. Todo mundo tinha conseguido. Qual era o meu problema? Sentei-me no carro e, enquanto estávamos voltando para casa, fiquei dobrando e girando o meu papel. Por mais que tentasse, nada saía daquilo. Eu estava triste e zangada comigo mesma.

Chegando lá todos estavam ansiosos para falar com Júlio e entender qual era a lição que ele queria nos ensinar com aquela peça. No entanto, para nossa surpresa, chegamos em casa e Júlio estava saindo dali com uma mala. Não entendi nada. "O que está acontecendo?", perguntei, ninguém conseguiu entender. Laura e Júlio sempre tinham pequenas brigas, mas acho que essa fora bem séria. Nunca vi Júlio tão devastado. Foi realmente confuso. Eles estavam tão felizes apenas algumas horas antes. Perguntei a Laura o que havia acontecido, ela, porém, não parecia querer falar. Apenas disse que ele poderia ir, pois estava cansada de sua loucura.

Ele correu para a parada de ônibus e queria fugir. Alguns de nós correram ao lado dele e tentaram convencê-lo a voltar para a casa. "Deixem-me em paz!", ele gritou, "Eu só quero ficar sozinho." Alguns dos membros estavam bravos com ele e continuaram a dizer-lhe para parar de agir como um bebê. Eu não podia acreditar no modo como eles agiam. Era óbvio que Júlio sofria e precisava de um pouco de espaço.

Todos voltaram para a casa, mas eu não consegui sair do lado de Júlio. Eu queria que ele soubesse que não importava o que acontecesse eu sempre estaria lá, nos bons e nos maus momentos. Ficamos sentados por alguns minutos completamente em silêncio. Olhei para o papel quadrado que ainda estava nas minhas mãos. Sem pensar demais, comecei a dobrar um lado, depois o outro. Sem pensar muito, eu tinha feito a bela pomba que poucas horas antes era impossível para mim. Olhando para ele, meu coração estava dominado pelo amor.

Entreguei a Júlio, "Isto é para você", ele sorriu enquanto a retirava da minha mão. Seus olhos estavam cheios de lágrimas: "Estou tão orgulhoso de você. Você é meu pequeno pássaro. Prometa-me que você estará no meu funeral quando eu morrer?". "Sempre", eu disse: "Eu sempre estarei lá por você". Ele então desviou o olhar e olhou para a água que escorria pelo riacho da estrada. "Tudo o que eu quero é paz, assim como aquela água que cai e as árvores que acompanham o sopro do vento, as montanhas altas. Tudo de que preciso é encontrar aquela paz."

"Há muito tormento lá dentro. Preciso sair", "O que aconteceu, Júlio?", "Está chegando o tempo. Eu sei que Laura está cansada, ela simplesmente não entende. Eu tenho medo de me entregar, de deixar tudo para trás". Enquanto falávamos, vi Laura andando até a parada de ônibus. Eu sabia que era hora de sair. Levantei-me e caminhei em direção à casa. Quando cheguei lá, todos ainda falavam sobre o que acontecera entre Júlio e Laura.

Eu realmente não queria me envolver nisso. Sentei-me ao lado da mesa e comecei a cortar o papel e dobrá-lo em pombas de *origami*. Mal podia acreditar em quão natural estava sendo para mim, eu não conseguia parar de fazê-las. Eu tinha feito quase 30 e conectei-as para pendurar na porta de Júlio. Fiquei em silêncio enquanto olhava para aquelas pombas. Fiquei espantada com as coisas que eu poderia fazer por amor. Eu não tinha educação, muitas vezes me sentia muito atrasada e despreparada para enfrentar o mundo. Contudo, motivada pelo amor, fiz coisas que minha mente nem conseguia entender. Júlio parecia liberar esse dom que eu tinha, era tão poderoso e esmagador. Essa era a energia fluida do amor que me dominava e era como se eu não tivesse mais o controle do que eu pensasse ou fizesse. O amor simplesmente se manifestava em todas as formas e em todas as funções do meu corpo. Em geral vinha quando me sentia completamente devastada. Quando eu, ou outra pessoa, estava experimentando qualquer tipo de dor, especialmente dor emocional, isso aparecia e fluía como rios de água. Não tinha fim nem começo. Esse fluxo surgia e quanto mais eu deixasse ele sair por mim, mais vida isso me dava. Quanto mais eu oferecia, mais recebia de volta, quanto mais eu nutria, mais me alimentava. Júlio me libertou. Seu amor autêntico e verdadeiro liberou meu dom, e estava transformando minha vida de maneiras que a mudariam para sempre.

Passaram-se algumas horas e ouvimos Júlio e Laura entrando na casa.

O AMOR SIMPLESMENTE
SE MANIFESTAVA EM TODAS
AS FORMAS E EM TODAS
AS FUNÇÕES DO MEU CORPO.

Certa manhã, quando terminamos o café, Júlio me chamou para caminhar com ele pelo pequeno jardim que tínhamos na parte de trás da casa. Ele tirou do chão um trevo de três folhas e disse que eu precisava me libertar de tentar me envolver em outros relacionamentos, precisava me tornar um casal com alguém. Eu realmente não estava entendendo o que ele estava tentando me dizer. Por que ele diria isso sobre mim? Eu não tinha um relacionamento havia cinco anos e a última coisa de que gostaria era me tornar "uma terceira" em um relacionamento. Eu tinha sofrido com os homens casados que queriam ter algo comigo, enquanto eu não estava interessada em nada. Eu não sabia para onde aquela conversa estava indo, mas como sempre prestei muita atenção ao que Júlio estava tentando me ensinar.

Ele, então, começou a falar sobre o amor de Deus. Havia uma grande folha preenchida com o orvalho da manhã, ele a pegou e com as mãos fez um pequeno barco com ela para unir todas as gotas de orvalho e depois colocar a água em sua boca. Então, ele se virou e me beijou, passando toda a água para mim.

Fiquei tão chocada com o que aconteceu. Eu realmente não sabia o que pensar, sorri e agradeci, perguntando o que aconteceria depois. Então ele me disse que era minha vez. Ele disse que esse orvalho era uma demonstração do amor mais puro de Deus.

Sem hesitar, fiz um pequeno barco com outra folha e bebi toda a água. Ele olhou para mim e perguntou por que não havia passado a ele. Eu parei e olhei nos olhos dele, "Porque você me ensinou o que o amor realmente é", pensei em silêncio, não queria decepcioná-lo, mas também não queria ir contra o que eu sabia que estava dentro de mim. Eu disse a ele o que o amor de Deus representava para mim e disse que, antes que possamos dá-lo, devemos primeiro recebê-lo. Eu não acho que ele gostou da minha explicação. Ele disse que eu era muito egoísta e essa era a razão pela qual eu estava sozinha por tanto tempo, eu não queria compartilhar o amor que me fora dado. Voltamos para a mesa do café da manhã, à qual todos ainda estavam sentados. Júlio começou a compartilhar um pouco das lições que ele estava tentando me ensinar e disse que estava feliz por eu estar me abrindo para um relacionamento de um por cento e, em breve, poderíamos subir para os dois por cento (um relacionamento de um por cento na comunidade significava estar aberto para outra pessoa, permitir beijar e tocar, dois por cento era quando você era espiritual o suficiente para seguir todo o caminho e expressar sua dedicação total e amor através do sexo).

Sentimentos e pensamentos confusos me assombraram ao longo do dia. Júlio me ama desse jeito? Ele estava envolvido comigo? Eu estava envolvida com ele? "Não, ele é como um pai para mim." No entanto, ele está esperando ter os dois por cento comigo? Será que eu o desapontei? Todos esses pensamentos quebravam como ondas na minha cabeça. Alguns me fizeram rir, outros fizeram eu me questionar, sorrir e até chorar. Para alguns na comunidade, dormir com o nosso guru não era apenas um privilégio, mas uma honra, como se você simplesmente intensificasse seu nível de espiritualidade e confiança aos olhos dele.

Então, à noite, os pensamentos se tornaram facas. "Foi o que ele sempre quis? Ele estava me preparando todos estes anos para me abrir para ele, amar e confiar nele para que eu estivesse aberta também para um dia fazer sexo com ele?"

Esses pensamentos eram muito destrutivos para mim e naquele momento eles eram a última coisa da qual eu precisava. "Para aqueles que são puros, tudo é puro" essa era uma frase que eu tinha ouvido e aprendido a minha vida inteira. Todas as dúvidas eram sanadas e explicavam cada doutrina usando essa frase. Se você não a entendesse ou não concordasse com ela, você era muito impuro para viver a expressão plena do amor e de Deus.

Nesse momento da minha vida, havia muito em jogo para escolher o caminho do questionamento e das dúvidas. Poderia me custar tudo, minha alegria, meu propósito e a coisa mais preciosa para mim, meu dom.

Eu não precisava de um motivo naquele momento para jogar fora tudo o que acontecera comigo, todas as transformações que eu atravessava. Não precisava de uma razão para odiar Júlio e julgar suas ações e as intenções que ele tinha por trás delas. Independentemente da intenção que ainda me era desconhecida, seu amor puro e genuíno em relação a mim durante todos aqueles anos não só salvou minha vida, mas me deu uma razão para viver.

E de uma coisa eu sabia tão clara quanto a luz do dia, não era mais sobre Júlio. Júlio tinha sido uma sombra do que era o verdadeiro amor. Eu consegui reconstruir a imagem de Deus e experimentar Seu amor através de Júlio. Independentemente de qualquer coisa ou de qualquer um, eu tinha a certeza de que era amada e ninguém poderia tirar isso de mim.

Nunca esquecerei a manhã ensolarada de 21 de dezembro de 2008. Assim como qualquer outro dia, acordamos e continuamos a fazer nossas tarefas. O fato de Júlio ainda estar no hospital nos preocupou. Havia silêncio e preocupação nos olhos de todos. Precisamos sair naquele dia para cantar e arrecadar dinheiro. Nós tínhamos um CD com muitas de nossas músicas e uma em especial, que eu havia composto com Júlio. Ela se tornou a nossa música tema e todas as vezes que eu a cantava, lembrava-me dele. Era por volta de 2 horas da tarde e nós íamos a cada mesa no restaurante que vendia nossos CDs. Um casal comprou um e nos pediu para cantar justamente a música que eu tinha composto com Júlio.

Quando começamos a cantar, o vento surgiu como um sussurro que atravessava meu rosto e meus cabelos. Foi um sussurro de adeus. Eu não conseguia segurar minhas lágrimas. Eu sabia que Júlio tinha ido, e ele tinha vindo para dizer adeus. Em meio a lágrimas, cantei nossa música. Meu coração estava cheio de amor e gratidão. Tanto quanto eu queria segurá-lo, parte de mim sabia que ele sempre continuaria comigo, não importava o que acontecesse. Ele estava na melodia da minha voz, na vida que vivia agora, nos sonhos que tinha e, acima de tudo, no dom que não só me libertou, mas que um dia faria o mesmo por todos aqueles que atravessassem meu caminho.

Chegando em casa, todos nos reunimos na sala de estar e Edna nos deu a notícia, "Nosso querido Júlio se soltou do casulo e agora é uma borboleta".

Essas palavras foram a pior coisa que já havia saído de sua boca. Por mais que eu quisesse me manter no momento que tinha vivido antes, era muito doloroso para aguentar. Saí da sala e corri para o meu quarto. Meus olhos doíam e parecia ter acabado a água do meu corpo, mas ainda assim chorei. Era como se eu tivesse perdido tudo de uma só vez. Um pai, uma mãe, uma família, um guru, tudo. Minha segurança, meu guia. Parecia que tudo fora tirado de mim. Fiquei por horas naquele quarto. "Deus, por que você o tirou de mim agora?,

"Não estou pronta para avançar sozinha, não estou pronta para fazer isso sozinha". Meu coração estava pesado e minha alma lamentava em silêncio. Chorei por horas e horas, quanto mais eu tentava parar, mais eu chorava. Nada fez com que me sentisse melhor, nada poderia aliviar a dor, nada poderia trazê-lo de volta. Finalmente, depois de algumas horas, adormeci, era a única maneira de aliviar a dor.

Tive tanto medo do que aconteceria agora que Júlio partira. Eu sabia que muitos dos membros não gostavam de mim e eles de alguma forma encontrariam uma maneira de se livrar de mim. Eu também sabia que não havia nada para mim ali, e que os ventos da mudança estavam soprando novamente. Como sempre, sem saber aonde eles me levariam. Antes que Júlio morresse, ele pediu que suas cinzas fossem jogadas sobre o mar e as montanhas de um de seus lugares favoritos na costa sul do Brasil. Lembrei-me de que ele me pediu para cantar no seu funeral, e tinha escrito uma canção para ele alguns meses antes e estava ansiosa para cantá-la. Quando desci as escadas parecia que eles já estavam saindo. Perguntei a Laura o que estava acontecendo e ela disse que Júlio só queria aquelas pessoas específicas em seu funeral. Ela olhou para mim como se eu estivesse completamente louca pensando que eu poderia ir. "Você sempre foi um punhado de problemas e estresse, ele morreu desapontado com você. O que você precisa fazer é sair com a equipe que ficou para trás e ir ganhar dinheiro para a comunidade. Com todas as despesas do hospital, é do que precisamos agora."

"Ok, pessoal, é hora de vender estes CDs", Nadia chamou quando chegamos ao shopping. Vender CDs era a última coisa que eu queria fazer. Mas decidi que tudo o que fizesse naquele dia seria dedicado a Júlio. Entramos em uma loja e começamos a falar sobre o nosso trabalho e perguntamos ao gerente se podíamos cantar uma música. Pedi ao meu parceiro para tocar a música que havia feito com Júlio. Quando começamos a cantar eu fechei meus olhos e me vi no funeral dele. "Estou cantando para você, Júlio. Estou aqui como prometi." Não queria abrir meus olhos, foi um momento tão lindo. Eu estava cantando com todo o meu coração, cada palavra eu cantava para ele, eu podia ver as montanhas e ver como suas cinzas se espalhavam pelo céu dançando e girando ao vento. Eles poderiam me tirar a chance de fisicamente estar lá, mas nunca poderiam tirar meu amor nem a promessa que havia feito. Quando terminamos a música, eu disse ao meu parceiro que tinha terminado por aquele dia. Disse-lhe para não se preocupar, o dinheiro era a última coisa com a qual precisávamos nos preocupar. Eu sabia que ele também sofria, e não precisávamos ser punidos. Compramos sorvete e sentamos juntos em silêncio por algumas horas antes de ir para casa. Precisávamos viver o luto, e eu precisava de silêncio. Com a morte de Júlio, algo dentro de mim nasceu. Eu ainda não conseguia entender o que era, mas tinha certeza de que ele estava lá olhando por mim e que, não importava o que acontecesse a partir de agora, eu era amada e Eu sabia o meu valor. Eu era forte o suficiente para enfrentar qualquer dificuldade, e essa força nunca me deixaria.

EU TAMBÉM SABIA QUE NÃO HAVIA NADA PARA MIM ALI, E QUE OS VENTOS DA MUDANÇA ESTAVAM SOPRANDO NOVAMENTE. COMO SEMPRE, SEM SABER AONDE ELES ME LEVARIAM.

Fiquei feliz em ver um dos meus melhores amigos da comunidade voltar. Jeff sempre foi um bom amigo para mim. Depois de Júlio, ele era alguém com quem sentia que podia conversar e ele sempre me entenderia. Ele nunca me julgou e, quando olhava para mim, seus olhos estavam cheios de amor e admiração. Ele havia dito a Júlio que estava envolvido comigo e eu sabia disso havia um bom tempo, mas Júlio nunca deixou que nada acontecesse, sempre dizia que era proibido. Eu fiquei bem feliz, na verdade, porque ainda não estava pronta para ter um relacionamento com nenhum homem, apesar de que sua atenção e seu amor alimentavam minha necessidade de carinho. Era tão bom saber que, mesmo que Júlio tivesse me deixado, pelo menos eu ainda tinha Jeff. Mas isso também estava prestes a ser levado, de uma maneira que eu nunca poderia esperar.

Uma manhã notei que Laura e Jeff tinham deixado o quarto juntos. Quando nos reunimos na mesa do café da manhã, Jeff estava muito quieto e sentou-se na cadeira de Júlio ao lado de Laura. Foi muito estranho para mim, porque Laura nunca falou muito com Jeff e nunca teve nenhum tipo de relacionamento íntimo. Para minha surpresa, no entanto, Laura começou a explicar que Deus colocara ela e Jeff juntos e ambos se tornariam os líderes. Ela disse que era o que Júlio queria e também era assim que eles sentiam.

Eu não conseguia acreditar em meus ouvidos, como Laura poderia levar outro homem para a cama de Júlio apenas alguns meses depois de sua morte, e por que Jeff? Por que ele estava fazendo isso? Ele nunca teve nenhum sentimento por Laura e nunca quis ser um líder. Olhei para ele procurando por respostas, mas sua cabeça estava baixa. Uma coisa em que ele era bom era obedecer aos pedidos de seu líder. Partiu meu coração ver pelo que ele estava passando e que agora sua voz era apenas um eco do que Laura dizia. Ela olhou para mim e disse que eu teria de desapegar-me de Jeff e respeitá-lo como meu líder.

Respirei profundamente e fiquei com nojo de tudo aquilo. "Como você pode desrespeitar Júlio assim?", eu disse: "Por que Jeff? Você nunca teve nada com ele, por que você está fazendo isso? Você não conseguiu nem ficar de luto antes de colocar outro homem na sua cama, a cama de Júlio." Eu estava tão irritada que sabia que, se continuasse a falar, eu a destruiria com minhas palavras.

Todos à mesa ficaram chocados ao ver como pude desrespeitar as autoridades daquela maneira. Subindo as escadas, sentei-me no meu quarto e chorei. Eu sabia que algo estava vindo, eu sabia que eles queriam tirar tudo de mim, mas assim? Não só perderia meu melhor amigo, meu amor e carinho, mas também toda pequena gota de respeito que eu tinha por Laura. Quanto mais ela falava, mais nada fazia sentido. Ela disse que eu estava com uma sensação de perda em relação a Jeff, porém eu nunca estive com ele, então, o que eu estaria perdendo? Disse-me para não ser egoísta e me acostumar com a ideia de que agora eles estavam juntos. Eu sabia aonde estava querendo chegar. Ela estava me preparando para sair. Eu sabia que ela não me queria na comunidade e essa era a situação perfeita. Mais tarde, descobri que ela havia chamado membros da outra comunidade para que lidassem comigo. Passei o dia inteiro no meu quarto. Por quê, Deus? Era demais para suportar. Eu não podia nem chorar a morte de Júlio, agora? Eu sabia o que estava por vir naquela noite. Quando um dos membros era contra algo ou estava se rebelando contra a liderança, eles o colocavam em um círculo e era como um assassinato emocional. Cada pessoa dizia o que via de ruim nele e apontava tudo o que ele havia compartilhado em uma sincera tentativa de encontrar a cura, mas agora isso era usado contra aquele membro deliberadamente para machucá-lo e puni-lo. Era sempre muito humilhante e nada reconfortante e amoroso.

Quando Júlio fazia isso, eu sabia que todas as palavras que saíam da sua boca vinham porque ele realmente queria me ajudar a crescer e me amava, mas, quando os outros membros o fizeram, eles não tinham nenhuma intenção sincera de amor e cuidado. Eles queriam que eu entendesse o que aos olhos deles estava errado e visse meu ego ser esmagado. Mal sabiam eles que não estavam apenas esmagando meu ego, mas esmagando minha fé e meu amor por mim mesma. Estavam esmagando meu amor, esmagando-me.

Fiquei no meu quarto o dia todo, até que um dos membros me disse que era hora de descer porque todos estavam na sala esperando apenas por mim. Eu não queria descer, sabia que não tinha feito nada de errado, mas estava com medo do que aconteceria comigo.

Sabia que não havia como adiar mais, desci as escadas em direção à sala de estar. Era como ir à minha pena de morte. Sentei-me e a tortura começou. Um após o outro, os membros disseram coisas que eles queriam dizer havia muito tempo, e agora Júlio não estava lá para me defender. Jeff ficou sentado com a boca fechada e os olhos voltados para o chão. Naquele dia, cada palavra era como uma faca, quando terminaram, era como se não restasse mais nada de mim. Senti que cada palavra cortava um pedaço e agora eu era essa alma que sangrava, confusa e ferida. Convencida de que eu era o fruto ruim, a ladra de homens, a portadora demoníaca de sedução, perdi toda a minha convicção do que era certo e errado. Simplesmente senti como se todos soubessem de algo que não sabia, e comecei a me ver pelos olhos deles, e o que vi não era bonito. Depois desse dia, nada foi o mesmo. Eu não queria sair e ajudar as pessoas, achava que não era boa o suficiente, sempre com medo de qualquer homem me olhar. Jeff tinha ordens claras para me tratar mal, de modo que ele pudesse matar qualquer amor que ainda permanecesse dentro dele. Era como se tudo o que Júlio havia me dado fosse tomado de volta.

Minha alegria e meu dom pareciam tão longe de mim. Todas as noites eu pedia a Deus para me consertar. Eu me via tão devastada e completamente sem esperança. Continuava tentando entender onde todo esse mal morava dentro de mim e como poderia me libertar disso. Agora eu queria provar-lhes que eu era digna e poderia mudar. Queria que eles me deixassem ficar. Uma noite, enquanto escrevia na minha cama, busquei profundamente por alguns lugares escuros que eu nunca deixava ninguém ver dentro de mim. Nem mesmo Júlio. Toda a dor e o trauma com os homens. Eu pensei que, talvez, se eu pudesse me abrir sobre todas essas coisas que estavam escondidas lá dentro, eu encontrasse a causa e fosse capaz de me curar. E eles também pudessem me entender. Então, comecei a escrever tudo o que tinha acontecido comigo, escrevi detalhadamente como me senti e como esses fatos fizeram com que eu me fechasse para sempre. Desesperadamente queria ser livre, amada e aceita. Cada palavra que eu colocava no papel estava cheia de dor e as lágrimas que caíam eram como gotas de água, lavando minha alma, limpando as palavras que um dia me disseram que nunca mais seria boa o suficiente para qualquer homem. As palavras que se tornaram minha sombra, minha maior fonte de dor, minha prisão.

EU PENSEI QUE, TALVEZ, SE EU PUDESSE ME ABRIR SOBRE TODAS ESSAS COISAS QUE ESTAVAM ESCONDIDAS LÁ DENTRO, EU ENCONTRASSE A CAUSA E FOSSE CAPAZ DE ME CURAR. E ELES TAMBÉM PUDESSEM ME ENTENDER.

Escrevi todos os detalhes, eu não queria mais esconder isso, não importava quanta dor me trazia ver o que aconteceu como era realmente, eu estava disposta a passar por isso porque queria, com cada osso do meu corpo, me tornar livre. Eu queria amar de novo, queria acreditar plenamente no que Júlio via em mim. E eu sabia que, se eu não estivesse livre dessa história, dessa prisão, então parte de mim sempre duvidaria do meu valor, sempre duvidaria do amor. Júlio já havia ido embora, e eu não queria que esse amor morresse dentro de mim, eu ia fazer o que fosse necessário para mantê-lo vivo, não importava o quê.

Na manhã seguinte, sentei-me à mesa do café da manhã, olhei ao meu redor, eu não tinha certeza do que eles pensariam de mim, e definitivamente não me sentia segura, mas não era sobre eles, era sobre mim, e eu precisava liberar tudo aquilo. Eu precisava liberar aquelas palavras, dizer em voz alta e deixá-las ir. Abrindo meu diário, li todas as palavras, abri minhas feridas.

E assim, depois de derramar minha alma, lágrimas escorrendo, sentindo-me nua e exposta, eles apenas me olharam, nem uma só palavra saiu da boca deles. O silêncio me incomodou, mas não tinha mais a ver com eles, não importava o que eles fariam com a minha verdade, era *minha* verdade, e agora eu era livre. Naquele momento, dei à minha história a permissão para voar para longe. A jaula escura de dor e segredos foi exposta à luz e a porta finalmente estava aberta. Reunindo meus diários, deixei a mesa e fui em direção ao meu quarto. Sentei-me junto à janela e senti o vento soprar pelo meu cabelo. Na árvore que se inclinava para o meu quarto, havia um bem-te-vi, um pássaro que Júlio sempre dizia que seria a forma na qual ele apareceria quando fosse embora. "Eu sei que você ouviu", sussurrei quando o pássaro começou a chilrear. No momento havia um silêncio muito calmo, eu não queria quebrá-lo. Senti como se estivesse caminhando no ar. Não havia mais dor, nem culpa, nem vergonha e, acima de tudo, não havia mais segredos. Eu estava livre, como o vento, eu poderia vir e passar pelas memórias sem ficar bloqueada ou presa. Sabia que eu ainda tinha um longo caminho à minha frente, e minha jornada estava apenas começando, mas, pela primeira vez, finalmente me senti pronta.

Não havia nada para mim lá. Percebi que eu tinha as chaves da minha alma, eu tinha as chaves da minha liberdade e isso era tudo do que precisava agora.

CONCLUSÃO SOBRE JÚLIO

Levei algum tempo para me perdoar por não ser "boa o suficiente" para Júlio e para reconstruir o que havia sido rompido e separado de mim.

Era difícil entender como o lugar que me trouxera tanta alegria e cura foi o mesmo que me machucou tanto. Eu não sabia mais quem eu era. Sabia que já não era mais a garota zangada e triste; eu tive muita alegria em ajudar os outros e a oportunidade de saber como era ser verdadeiramente amada, cuidada, um pai que pude me orgulhar de dizer que **eu** tive. Contudo, nesse mesmo lugar, o útero que me alimentou nos meus tempos mais sombrios também começou a mudar e me derrubar. Como se fosse uma grande mão limpando todas as minhas lágrimas e acalmando-me com suas carícias suaves e, de repente, essa mão enfiava facas afiadas no meu coração, machucando-me tão profundamente a ponto de eu começar a perder toda a minha autoestima, tudo o que um dia Júlio tão dificilmente tentou trazer para mim.

SABIA QUE EU AINDA TINHA UM LONGO CAMINHO À MINHA FRENTE, E MINHA JORNADA ESTAVA APENAS COMEÇANDO, MAS, PELA PRIMEIRA VEZ, FINALMENTE ME SENTI PRONTA.

Veja, eles não eram pessoas ruins, mas eu entreguei a minha chave, eu lhes dei acesso total à minha vida de uma maneira que nunca devemos dar a ninguém. Eu os deixei invadir meu lar, dando-lhes a liberdade de colocar e levar o que quisessem dali. Eu os deixei entrar e fazer uma bagunça, com suas próprias ideias de quem eu era e os "porquês" de eu ter feito coisas ou ter pensado de certa maneira. Deixei as palavras deles se tornarem minha verdade, e a verdade deles ser mais importante do que eu mesma, meus princípios, meu valor.

Eu estava vendo o meu passado se repetir, mas dessa vez fui eu que lhes dei a chave, ao contrário da minha infância, quando minha chave foi tirada de mim. Eu descobri que Júlio, o homem que coloquei em um pedestal, o homem que me ajudou a ver que nem todos os homens eram usurpadores, também usou sua influência como líder espiritual para ter relações sexuais com quase todas as mulheres da comunidade.

Meu mundo caiu bem na minha frente. O que era bom e o que era ruim agora? Sentei-me por horas ao lado de um lago e o som da água começou a acalmar meu coração quando as peças do quebra-cabeça começaram a se unir. A única coisa pela qual eu tinha culpado minha mãe e as pessoas da comunidade era exatamente o que acabava de ter feito. Eu não tinha sido forçada a viver na comunidade de Júlio, fui para lá porque acreditara que era um lugar que poderia me ajudar a me curar, um lugar que eu poderia chamar de lar, onde uma família me aceitaria e me amaria. E isso aconteceu, mas, assim como em todos os lindos dias, o sol também se põe e a escuridão assume seu lugar.

Da mesma forma, esses milhares de *hippies*, que deixaram sua vida para trás, buscando propósito, amor e família, encontraram-se em David Berg. Eles nunca teriam cogitado que aquele lugar maravilhoso, aquele lugar seguro onde eles poderiam ter seus filhos e confiar que tudo ficaria bem se transformaria em uma fonte de tanta dor, não só para eles, mas para seus filhos, que teriam de passar por coisas que nunca imaginaram.

Olhando para trás, tudo o que Júlio fizera por mim, do jeito que ele acreditava em mim, como ele me ensinou a viver novamente, tornou muito difícil julgá-lo por todo o erro que ele também havia cometido. "Por que Júlio, por que até você?", gritei o mais alto que pude. Como eu poderia jogá-lo fora, como eu poderia julgá-lo como um mal, como eu poderia esquecer todo o bem que ele também havia feito? Estava muito brava com ele.

Eu estava com raiva por ele ter sombras, estava com raiva dele por ser fraco e não pedir ajuda, estava com raiva dele por usar sua espiritualidade para seduzir as mulheres da comunidade, mas também estava com raiva porque ele me amava e agora tornara isso tudo uma coisa difícil de lidar.

> *Querido diário, se eu afastar Júlio de mim com toda a sua escuridão, estarei tirando toda a luz que ele deixou. Eu estaria me jogando fora, porque eu sou quem sou hoje por causa dele. Ele me salvou, porque ele me amava, ele acreditava em mim...*

Eu sabia que levaria algum tempo para acreditar em alguém de novo e digerir todos esses sentimentos dentro de mim. Não foi nesse dia que compreendi completamente os mistérios por trás de todas essas peças que a vida estava me entregando, mas esse foi o início do processo de entender que as coisas não eram apenas pretas e brancas. Não existiam pessoas boas ou más. Havia algo no meio, algo que, se eu pudesse entender, silenciaria meu coração cansado.

LUZ E ESCURIDÃO

Todo ser humano vem com a sua dosagem de luz e escuridão dentro de si, isso não está em apenas alguns de nós, está em todos nós. Passamos toda a nossa vida lutando contra essa escuridão ou escondendo-a para que ninguém possa vê-la. Temos vergonha de que alguém a descubra, com medo de sermos dispensados por causa disso. Às vezes até camuflamos e usamos a religião para compensar. Entretanto, a verdade é que, não importa o que façamos, a escuridão sempre estará lá. Nossa escuridão não é algo ruim ou destrutivo, é a nossa energia motriz que nos leva à plena expressão da vida. Está cheia de paixão, desejo e força. Ela tem o poder incomparável de criar, mas se for reprimida e escondida, torna-se doentia e desonesta. O desejo reprimido faz com que a força e a paixão se transformem em violência e abuso em todas as suas formas.

NOSSA ESCURIDÃO NÃO É ALGO RUIM OU DESTRUTIVO, É A NOSSA ENERGIA MOTRIZ QUE NOS LEVA À PLENA EXPRESSÃO DA VIDA. ESTÁ CHEIA DE PAIXÃO, DESEJO E FORÇA.

Nós também temos a nossa luz, que é linda e nada do que fizemos ou deixamos de fazer pode tirá-la de nós, é nosso direito de nascença, um dom que não pode ser retirado, uma chama que não se apaga. É uma luz que vemos nos olhos de um bebê, no doce cheiro de rosas e nos beijos de dois amantes. É o que nos ilumina quando observamos o Sol desaparecer no oceano ou quando nosso rosto se abre em um grande sorriso ao ver alguém que amamos.

É uma coisa da alma.

E nenhum de nós, humanos, é imune a ambas as forças. Nós as carregamos dentro de nós todos os dias e escolhemos o que será visto e o que vamos esconder, com base no medo do que os outros vão pensar. Pode ser "eu não vou me mostrar fraca", outra palavra para vulnerável e verdadeira, ou "eu sou um ser humano tão perfeito, não faço nada de errado", outra forma de dizer *zen*, gurus, líderes espirituais, pessoas que colocamos em um pedestal como perfeitas e, portanto, tentamos ansiosamente copiar.

Contudo, não importa quão arduamente você tente, quantas horas você medite ou quantas pessoas ajude, essa escuridão permanecerá dentro de você. Porque ela é como a luz, tem um propósito em nossa vida.

David Berg não era um monstro, não é que ele não tivesse luz. Sua luz ajudou milhares de pessoas, sua luz mudou vidas para melhor. No entanto, a vergonha e a culpa de sua escuridão reprimida, das áreas a que ninguém tinha acesso, começaram a crescer como uma célula cancerígena em sua vida, contaminando até a luz, tornando-a tão camuflada que ele mesmo não podia mais reconhecê-la.

Ao contrário da luz, a escuridão nunca deveria ser propagada, mas ao mesmo tempo não deveria ser escondida. Nossa escuridão é o que nos torna humanos e nossa luz é o que nos torna almas.

Ambas são necessárias para essa experiência que chamamos de vida e as duas desempenham um papel importante.

Não há realmente nada de vergonhoso sobre isso. Imagine se você estivesse nu em um quarto e todos à sua volta estivessem vestidos? Você se sentiria tímido, envergonhado e tentaria encontrar algo para se esconder.

Com a nossa escuridão acontece da mesma maneira. Vivemos em um mundo em que todos estão vestidos, mascaram a realidade fingindo que tudo está bem, compartilhando apenas as coisas boas sobre si mesmos, mostrando quão espiritualizados ou evoluídos são. Então, expor seus problemas, traços feios de personalidade, compulsões destrutivas e sexualidade descontrolada é proibido.

Se nos atrevermos a fazer isso, seremos julgados, porque seríamos os únicos a assumir que passamos por essas coisas. Agora, se todas as pessoas da sala tirassem suas roupas, descobriríamos que todos nós temos uma dessas marcas sombrias em nosso corpo e se nós pudéssemos apenas falar sobre isso, expor, julgaríamos menos e nos ajudaríamos mais.

E a verdadeira liberdade viria ao viver num espaço do você verdadeiro, da sombra e da luz. Aceitando ambas dentro de si, aprendendo e crescendo em um espaço de amor, e não de medo e culpa. E só então, sendo capaz de ver os outros com a mesma compreensão e compaixão, você se veria de verdade.

Júlio, como Berg, ajudou tantas pessoas, mas com a mesma mão machucou muitos. E, ao reconhecer o que significava ser humano e entender que era bom olhar para aqueles lugares sombrios, finalmente, eu não estava apenas aprendendo o que significava perdoar, mas eu estava, pela primeira vez, olhando para minha própria escuridão. Para todos os lugares que eu me envergonhava de lembrar, para a escuridão que eu gerei dentro de mim por tanto tempo. Eu estava profundamente ferida, e isso não parava em mim. Eu propagava essa dor e, pela primeira vez, encontrei-me olhando meus segredos mais sombrios, aqueles que escondi por tempo demais.

Compreender as pessoas que me feriram me levou a uma jornada pela qual nunca esperei. Levou-me de volta à minha escuridão e à vergonha que vivia dentro de mim.

E A VERDADEIRA LIBERDADE VIRIA AO VIVER
NUM ESPAÇO DO VOCÊ VERDADEIRO,
DA SOMBRA E DA LUZ. ACEITANDO AMBAS
DENTRO DE SI, APRENDENDO E
CRESCENDO EM UM ESPAÇO DE AMOR,
E NÃO DE MEDO E CULPA.

a história do casulo: a transformação começa a acontecer

Chegou a hora de a lagarta passar por sua transformação. Ela não hesita nem resiste. Em vez disso, prepara-se para perder a pele velha, a vida antiga que uma vez a serviu, mas que agora não tem mais uso e propósito. Debaixo de toda aquela pele velha, ela já começou a criar a pupa que se tornará em breve seu casulo. Um lar forte e firme.

Ninguém pode vê-la, mas está crescendo e evoluindo lá dentro há algum tempo. Ela se encontra em um lugar seguro e começa a se preparar, enquanto se prende a um galho com a seda que ela mesma produziu. Pendurada, com a cabeça virada para o chão, começa a soltar a pele velha, a cabeça e as pernas já não são importantes e logo caem como o resto de sua forma antiga.

Ela está agora no estágio de Crisálida, o estágio de transformação entre larva e adulto em um processo chamado metamorfose. Ao redor de si, cria uma capa protetora de seda, feita por ela mesma e chamada Casulo.

Nesse casulo, toda a estrutura e todos os órgãos serão transformados em fluido. Ela perderá toda a sua forma e, de alguma maneira, será a morte do que ela era e o nascimento de algo completamente novo.

Na minha vida, eu já havia passado por alguns ciclos de transformação, tinha percorrido um longo caminho, mas o ciclo perfeito da vida estava pedindo uma nova etapa. Eu deveria entrar no estágio da Crisálida. Transformando mais uma vez tudo o que sabia sobre mim, sobre a vida, sobre o amor e sobre o perdão.

Quando estamos passando por essa metamorfose, parece que tudo o que aprendemos ou conhecíamos como verdade cairá e naquele casulo perderá toda a sua forma e nada mais fará sentido. Você não sabe o que é certo ou errado, quem o amava e quem não o amava. Você nem sabe "quem" você é, porque tudo o que vê no espelho é o relaxamento de sua bagunça interna, de toda a dor, todas as vozes que parecem não se calar nunca.

No entanto, não importava o que eu fizesse, era a minha hora de novo e, quanto mais eu me tornava rígida, mais doía. Então, decidi deixar o ciclo mais uma vez me quebrar, moldar-me, transformar-me em líquido para que minha nova vida pudesse começar a acontecer.

As velhas histórias, a velha maneira de pensar e julgar já não me ajudariam a resolver os problemas de hoje. Se eu desmistificasse os mistérios por trás desse pedaço do quebra-cabeça que estava nas minhas mãos, eu precisaria vê-lo com os olhos do "novo eu", o que me transformou, que era capaz de ver além...

O perdão e o amor têm camadas que só podemos acessar à medida que crescemos e evoluímos neles. A vida nunca nos dará asas se ainda não estivermos preparados para voar.

Saiba que você nunca receberá aquilo para o qual não está pronto. Antes que a lagarta perca sua pele velha, embaixo dela, já existe tudo de que ela precisa para sua transformação!

Queremos explorar mais de nós mesmos, mas não queremos perder o que já não nos serve mais.

Queremos ser capazes de experimentar o amor em sua plena expressão, mas ainda escolhemos quem amar e negamos nosso amor àqueles que sentimos que não merecem, prejudicando a verdadeira capacidade de amar que há dentro de nós.

Queremos viver uma vida feliz, com propósito e significado, mas resistimos quando os ciclos de mudança e transformação batem à nossa porta. Esquecemos que eles são o nosso bilhete para a vida dos nossos sonhos.

Queremos viver sem sofrimento e sem dor, portanto, evitamos isso a qualquer custo, mas se você pensar bem, quando fecha a porta para a dor, você também fecha a porta para sentir, amar e ter alegria.

A mesma porta que se abre para a dor se abre para o amor. E a mesma fonte de luz dentro de você que acolhe o amor, acolhe a dor. Ambos são presentes bonitos, presentes da vida, dados por um propósito e motivo.

O sofrimento é um veneno que produzimos dentro de nós, que nos afasta do propósito da dor. Quando você olha a natureza, você vê sofrimento? Quando você olha para a borboleta, você vê que ela sofreu? Você pode reconhecer que há dor, mas não, não há resistência.

Sofrer é quando resistimos, quando bloqueamos e inibimos o belo ciclo da vida.

Quando pensamos que o nosso caminho é o melhor, quando mantemos nosso amor trancado, quando vamos contra nossa verdadeira natureza, quando deixamos a dor nos destruir por dentro, é porque estamos sofrendo. Quando resistimos, algo lá dentro morre.

Fomos feitos para voar, mas quando transformamos o casulo (os momentos difíceis de mudança e transformação) em um lugar de sofrimento, tiramos seu poder, ficamos cegos para o propósito e nos prendemos à vida de uma lagarta, que nunca poderá sentir a brisa fresca em suas asas e o cheiro maravilhoso dos campos de flores embaixo dela.

Nós nos tornamos borboletas ainda trancadas em um corpo, mente e mundo de lagartas, vivendo abaixo das nossas maiores capacidades.

CAPÍTULO 7

o presente do perdão

Olhando pela janela quando o sol começou a se pôr, vi a minha vida mais uma vez mudar de direção. Lágrimas começaram a escorrer pelo meu rosto enquanto vinham as memórias de Júlio e da comunidade, ao perceber que a vida como eu a conhecia estava prestes a mudar para sempre. Eu estava indo embora para nunca mais voltar, essas pessoas que antes eram meus amigos se tornariam estranhos novamente e o que um dia chamei de lar agora parecia tão distante.

Eu me perguntava se alguém sentiria a minha falta da mesma maneira que eu sentiria falta deles. Estava machucada, sim, mas não importava a dor, não podia simplesmente apagar todos os anos que havia passado ao lado daquelas pessoas. Eu as conhecia melhor que qualquer um e elas também me conheciam, ou pelo menos conhecíamos os segredos uns dos outros, as dores uns dos outros. Acredito que o que faltava era sabermos um pouco mais sobre a luz uns dos outros.

Aprendemos que, para nos curar, precisávamos entrar na nossa escuridão, mas esquecemos que a verdade sem amor é impotente. A verdade sem amor incondicional apenas dói. Em vez de curar, cava um buraco ainda mais profundo dentro de nós. Todos tentamos o nosso melhor para ser fortes e orgulhar o homem que um dia nos ensinou a sonhar, a viver, mas, de tanto tentar, todos nós carregamos feridas tão profundas que, assim que Júlio morreu, nós nos despedaçamos.

Abrindo meu diário, encontrei a música que escrevi antes da morte de Júlio...

Com os braços quebrados eu tento alcançar você,
com os pés trêmulos, faço o meu caminho.

Deus, para você entrego minha vida, perdi tudo, menos o tesouro que mantenho aqui dentro, a minha fé que nunca morrerá. Entendi o verdadeiro valor de um homem, em cada lágrima que ele derramou, em cada ferida que sangrou, mas, o tempo todo, ele se manteve forte, fiel até o fim.

Lute pela sua fé, porque é o único tesouro verdadeiro que vamos levar, eu cheguei a uma encruzilhada onde ando sozinha, nenhum lugar para me esconder, estou por conta própria, e a única bagagem que eu levo é a minha fé, que me guiará para casa até Você. Eu tenho de derrubar essas paredes que me cercam, pois eu as construí com minhas próprias mãos, estou tão cansada de ser prisioneira dos meus próprios caminhos, dos meus próprios planos. Posso ouvir você chamar e estou chegando, estou a caminho de casa.

Para mim era tão estranho imaginar minha vida sem Júlio, e foi ainda mais estranho que justamente esse homem que um dia me ensinou o que era o perdão e me deu um lugar seguro para me curar era agora quem eu tinha de aprender a perdoar usando tudo isso. A vida estava me pedindo para dar mais um passo em direção aos mistérios sobre o que o perdão realmente era em sua plena expressão.

PERDÃO

Todos nós aprendemos desde crianças que devemos fazer o bem para que o bem entre em nosso caminho. Aprendemos que, se fizermos tudo certo, Deus nos amará em troca. Ensinaram-nos a negociar e trabalhar duro para receber amor. Para sermos dignos disso. Independentemente da sua religião ou de sua educação, tenho certeza de que sempre houve uma condição. Se você quiser isso..., deve fazer aquilo...

A VIDA ESTAVA ME PEDINDO PARA DAR MAIS UM PASSO EM DIREÇÃO AOS MISTÉRIOS SOBRE O QUE O PERDÃO REALMENTE ERA EM SUA PLENA EXPRESSÃO.

A religião tem a ferramenta mais poderosa capaz de transformar qualquer escuridão em luz, mas a transformou em uma ferramenta para manipular, controlar e condenar pessoas.

Durante a minha infância eu li todas as histórias da Bíblia, sobre quantas vezes devemos perdoar dando a outra face. Para ser muito sincera, pensava que isso era simplesmente estúpido. Eu não levaria um tapa e ofereceria a outra face para ser machucada de novo. Eu me perguntava, por que Jesus às vezes era tão passivo e deixava que os outros o machucassem? Eu sempre me lembrava da minha dor e de que nunca mais deixaria ninguém me machucar de novo. Aprendi desde muito jovem que, se eu não olhasse por mim, ninguém mais o faria.

Esses condicionamentos estão tão arraigados, que a maneira como você vê e julga a si mesmo e aos outros é baseada em sistemas de crenças que você carrega, não importa quanto você tente mudá-los dentro de si.

Porque o amor precisa ser merecido, então se você alguma vez fez algo errado, você não era mais digno disso. E lembre-se: a mesma medida que você usa para julgar a si mesmo será sempre a medida que você usará para julgar os outros.

Se você tem muita dificuldade de perdoar e amar os outros, é porque você tem a mesma dificuldade de tolerar e amar a si mesmo.

O que o perdão significaria para você, se descobrisse que tudo o que sabia sobre ele era uma mentira?

E se o amor fosse gratuito, e não importando o que você fizesse ou deixasse de fazer, ele não pudesse ser tirado de você?

E se você já nascesse digno, não importando a dor que você experimentasse na vida e a dor que você causasse aos outros, mas mesmo assim você continuasse sendo digno de amor e aceitação?

Como isso mudaria a maneira de ver a si mesmo, o jeito que você vê a sua escuridão? E como isso mudaria a maneira como você vê os outros?

Para mim, o perdão é simplesmente repassar o dom com o qual um dia nascemos. Ele veio sem etiqueta de preço, sem culpa e sem condições.

Veja, ainda temos tanta dificuldade em aceitar esse presente para nós mesmos, que se torna quase impossível transmiti-lo aos outros.

Houve muitos momentos na minha vida em que o perdão foi uma das chaves da minha cura, mas, antes de poder usá-lo, eu precisava entender o que era e o que não era perdoar. E, portanto, aqui estão alguns conceitos importantes que podem ajudá-lo na sua jornada pessoal em direção ao que realmente é o perdão e eliminar as crenças que apenas o cegam e impedem de receber esse dom.

Para compartilhar as dimensões incríveis que o perdão tem e quão poderoso ele é em nossa vida, primeiro preciso ajudar a desmistificar o que não é perdoar.

Algumas pessoas acreditam que perdoar alguém é outra maneira de dizer que o que essa pessoa fez não importa, está tudo bem. A maneira como alguém o machucou, as palavras ásperas ou os atos ofensivos, a violência cometida contra você ou alguém que você ama nunca podem ser ignorados. O perdão não consiste em fechar os olhos e não reconhecer a ferida. Pelo contrário, esconder e encobrir os atos e a verdade do que aconteceu com você não altera os fatos e muito menos cura a ferida.

PARA COMPARTILHAR AS DIMENSÕES INCRÍVEIS QUE O PERDÃO TEM E QUÃO PODEROSO ELE É EM NOSSA VIDA, PRIMEIRO PRECISO AJUDAR A DESMISTIFICAR O QUE NÃO É PERDOAR.

O perdão não estabelece relações, não é um ato físico de conciliação.

E o perdão definitivamente não é algo que você fará por outra pessoa. Nunca é para a outra pessoa; pode refletir sobre ela mais tarde, mas na verdade é tudo por você!

Perdoar não é esquecer, começar do zero, ficar em silêncio e fingir que nada aconteceu.

Com sistemas de crenças como esses, entendemos mal o que realmente é o perdão e se torna muito difícil deixar a dor ir.

Carreguei comigo a crença de que a única maneira de ser aceita e amada era se eu me tornasse cega para todo o mal que pudesse ocorrer comigo, surda para todas as ofensas e anestesiada para toda a dor interna. O perdão, na verdade, não me parecia uma escolha, era uma imposição e, se eu não obedecesse, Deus ficaria zangado comigo e eu seria julgada como má e desobediente. Quando cresci, mesmo odiando tanto o que me havia acontecido, por dentro eu ainda não conseguia lidar com isso porque parte de mim não podia nem reconhecer que era algo errado, e que eu realmente não merecia nada daquilo.

Você já sentiu como se não tivesse nem o direito de estar machucado? Muito menos de ter algum sentimento ruim em relação à pessoa que machucou você?

Se você se sentiu assim, quero que saiba que eu o entendo porque já estive nesse mesmo lugar.

O primeiro passo para entender o que o perdão verdadeiramente é foi perceber o que ele não era. Esvaziar minha mente de sistemas de crença que nem eram meus, mas foram colocados lá, sem que eu mesma estivesse consciente disso, e controlavam minha vida e a maneira como eu via a mim e aos outros.

Reconhecer o que o machuca é tão importante quanto perdoar. Você precisa nomear a ofensa antes de poder perdoá-la. Precisa ser corajoso o suficiente para olhar no espelho e ver as feridas que sangram. Você tem de reconhecer onde elas estão e cavar fundo para encontrar a causa, a ferida-mãe que tem alimentado todos os efeitos constantes.

Às vezes é doloroso porque teremos de enfrentar verdades difíceis, que derrubarão nosso mundo, porque envolvem alguém que amamos, como um pai, um irmão, uma mãe, um namorado ou um tio. Lembre-se: esconder uma verdade não significa que ela nunca aconteceu. Só podemos nos curar, seguir adiante e perdoar o que podemos ver, aquilo que estamos prontos para enxergar e reconhecer.

Temos tanto medo porque talvez a pessoa que mais nos machucou também seja alguém que é a nossa maior fonte de amor, e ter de reconhecer isso... dói.

Viver uma mentira pode camuflar a dor, mas nunca vai curá-la, e uma coisa que aprendi ao longo dos meus anos desse processo é: se você não vive no espaço da sua verdade nunca será livre! Você sempre viverá sob as sombras do seu passado, dos segredos que corroem a sua felicidade. O que quer que você deixe no escuro fica tão grande que um dia pode até tirar a sua vida sem você perceber.

SE VOCÊ NÃO VIVE NO ESPAÇO DA SUA VERDADE NUNCA SERÁ LIVRE!

EXERCÍCIO

Anote quais são as ofensas que estão pesadas em seu peito. Coisas que lhe aconteceram e que você precisa reconhecer e trazer à luz. Coisas que foram mantidas naqueles arquivos secretos dos quais você não deixa ninguém chegar perto, muito menos você mesmo.

Chegou o momento de limpar toda a dor que já não lhe serve, toda essa dor que você guardou aí dentro e só está gerando sofrimento. A dor não existe para ficar estagnada, assim como vem, ela também se vai. Contudo nós a aceitamos como nossa, damos um nome a ela, nós a colocamos no nosso porão e lá ela apodrece por anos e anos.

Precisamos lidar conscientemente com essa dor e, para isso, temos de tomar medidas conscientes para esvaziar o que está preso dentro de nós.

Pode ser que não saia tudo de uma só vez, e não se preocupe, só você e estas páginas saberão as dolorosas palavras que surgirão. No entanto, posso garantir a você: quanto mais esvaziar, mais estará pronto para continuar este livro, em sua busca pessoal pela cura e pela verdadeira liberdade interior.

___

___

___

___

Sentei-me por horas enquanto as lágrimas e a tinta manchavam as páginas do meu diário. Cada palavra saiu com dor, tinha sido trancada com dor e, portanto, saiu de forma dolorosa, mas eu sabia que era necessário, sabia que havia um lugar seguro dentro de mim que poderia me consolar e me amar nesses momentos difíceis.

Querido Diário,

É tão difícil reconhecer que as mesmas pessoas que eu amei me machucaram tanto. É tão difícil entender que o que aconteceu comigo não era certo. Não era certo. Durante toda a minha vida tive tanto medo de rotular minhas experiências como abuso e estupro. Eu nunca associaria o que aconteceu ao que isso significa, porque aprendi um conceito completamente diferente disso. Para mim, se houvesse violência física, então era ruim. No entanto, se fosse rotulado como amor, um sacrifício espiritual ou se fosse feito de forma gentil, tudo era permitido.

Sinto-me traída, sinto-me usada, sinto como se durante toda a minha vida eu nunca tivesse sido dona da minha mente e do meu corpo. Minhas emoções foram manipuladas, minha mente começou a explodir, e agora o que eu faço comigo mesma?

Posso me lembrar de como meu corpo ficou gelado e meu coração parou. Lembro-me de querer gritar, mas nada saiu, nenhum som. Senti o peso, o corpo pesado demais sobre o meu, era como se eu não pudesse respirar. Fechei meus olhos esperando que, assim como em um pesadelo, se eu apenas os abrisse novamente tudo desapareceria, mas não.

Eu não queria que você visse, eu não queria que você soubesse que eu sabia, porque de alguma forma eu sabia que você encontraria uma maneira de me fazer acreditar que eu estava errada, que eu estava mentindo e eu não conseguiria passar por isso novamente.

Homens, eles sempre estiveram representados na minha vida como tomadores, eles sempre queriam algo de mim. E agora, o único homem que veio na minha vida como doador, eu descobri que também foi um tomador. Doía tanto reconhecer que meu pai, esse homem que me ensinou a perdoar, que me mostrou que era possível ser amada sem condições, usou de seu poder como líder espiritual para seduzir e ter interações sexuais com as jovens mulheres de sua comunidade. Eu sabia que elas nunca tinham sido forçadas a isso, e tenho certeza de que algumas até gostaram, mas ainda assim não estava certo. Isso me decepcionou, machucou pessoas com quem eu me importava. Os segredos só sobrevivem porque há algum medo de exposição, porque tememos estar fazendo algo errado. Júlio teve muitos segredos e escondeu fatos que precisavam ser expostos. Amei esse homem mais do que as palavras jamais poderiam expressar, e ainda o amo. Mas, se eu não reconhecer a sua escuridão, nunca vou ter o que é preciso para perdoá-lo e curar esta ferida. Júlio me ensinou a ver a luz em tudo pelo que eu passei e ele fez sua luz brilhar em meu coração e me devolveu a vida e o significado. E agora é minha vez de devolver o que ele merecia, a verdade. Amá-lo em toda a sua luz e compreendê-lo e perdoá-lo em toda a sua escuridão...

O perdão tem duas camadas, eu as chamo de **perdão da caridade** e **perdão da compaixão**.

PERDÃO DA CARIDADE

Imagine que você está no seu carro e vê uma jovem adolescente andando na rua com os cabelos bagunçados, sem sapatos, a roupa toda rasgada, um cigarro na mão e, na outra, um bebê de cerca de três meses de idade.

Você olha para ela e seu primeiro pensamento é: "Essa criança pequena nem se tornou um adulto e já tem um filho. Por que ela está fumando, ela não sabe quão ruim é para o bebê?". Então, você olha em seu bolso e decide chamá-la até a janela do seu carro para lhe dar algum dinheiro. Você se sente tão bem enquanto lhe dá uma lição sobre como ser uma mãe, como cuidar de si mesma e, no final, você lhe dá uma boa quantia de dinheiro para conseguir roupas novas para ela e para o bebê.

Partindo, você olha para seu cônjuge com um sorriso, você sente tanto orgulho de si porque afinal se tornou a salvação dessa menina. Você lhe deu algo que ela não tinha, você lhe ensinou algo que pensou que ela não sabia. Está se sentindo muito melhor com si mesmo. Por ter feito algo por outra pessoa.

Mas de onde veio essa intenção? Você fez algo realmente legal e bom. No entanto, você não se conectou verdadeiramente com aquela garota nem por um minuto. Você simplesmente a lembrou de que estava errada, queria que ela fizesse o que você teria feito, com base em suas experiências, que eram tão diferentes da realidade da jovem adolescente.

O perdão da caridade acontece da mesma maneira: reconhecemos o erro e queremos fazer algo a respeito, mas ele ainda vem de um lugar de ego, um lugar que pensa que você tem algo que a pessoa não tem. Você até perdoa, mas na sua cabeça você está completamente convencido de que nunca seria capaz de fazer tal coisa. Você parte do princípio de se sentir superior à outra pessoa e que, se não fosse pela sua incrível generosidade e bondade, ela apodreceria no inferno. Esse tipo de perdão é o tipo mais fácil, mas não o leva no caminho para o amor incondicional.

Esse tipo de perdão só acontece uma vez. Porque é baseado em condições, "Ok, eu serei o maduro desta vez e te perdoarei, MAS, se você fizer isso novamente, acabou!".

Esse "deixar passar" é, na verdade, um "ok, deixe-me colocar essa dor onde não consigo vê-la, então não vai me machucar, mas se eu precisar me proteger ou usar isso como uma arma, eu vou pegá-la de volta e usá-la para machucá-lo".

Você percebe, você nunca realmente liberou essa dor...

PERDÃO DA COMPAIXÃO

Agora, como se fosse a mesma situação, você está no seu carro e vê a jovem adolescente, mas as lágrimas imediatamente chegam aos seus olhos. Você pode não ser capaz de se identificar com exatamente tudo o que ela está passando, mas você pode entender e quase sentir a dor que ela sente. Você também tem filhos e então sabe quão difícil é criá-los, mas você tem uma casa, alguém ao seu lado, uma babá que ajuda e essa garota é tão jovem e não parece ter ninguém. Você sabe que ela deve ter feito algumas escolhas erradas que a deixaram nessa situação tão difícil, mas quem não as fez? Você se lembra de todas as estradas erradas que você pegou e todas as vezes que tomou as piores decisões, mas felizmente tinha uma família amorosa que sempre apoiou você.

Você pede a quem está com você para parar o carro e você anda em direção à jovem. Olhando para ela em seus olhos, você pede para segurar o bebê e aliviar o peso em seus braços. Senta-se com ela e não são necessárias muitas palavras. Ela não se sente envergonhada ou julgada por você, pelo contrário, ela se sente vista, compreendida e amada.

Você não está lá para lhe dizer o que fazer ou o que ela deveria estar fazendo, você simplesmente está lá para ela, sendo um apoio e uma mãe. Ela se sente tão segura com você que começa a abrir-se sobre a vida dela. "*Eu sou filha única*", ela começa quando seus olhos começaram a se encher de lágrimas,

> *minha mãe morreu de câncer há alguns anos e ela costumava me bater até que fugi de casa. Eu não tinha nenhuma casa de amigos para onde pudesse ir, então comecei a andar pelas ruas pedindo comida e dinheiro para tentar conseguir um lugar seguro para ficar. Comecei a sentir muita dor e não conseguia segurar nenhuma comida dentro de mim. Então eu consegui dinheiro suficiente nos faróis para pegar um ônibus para o hospital mais próximo. Foi lá que descobri o meu pior pesadelo, eu estava grávida do meu próprio pai. Ele me violava desde os meus 5 anos e agora tenho 16, não tenho ninguém para me acolher e um bebê que eu amo, mas sempre que olho para ele, lembro-me do mal que meu pai fez comigo.*

As lágrimas começaram a escorrer e você não tem palavras. Sabe que ela está bebendo e talvez até usando drogas para tentar adormecer a dor. Você está em um lugar de amor e compaixão em relação a ela. E tudo o que você pode fazer nesse momento é amar essa alma de uma maneira que ela nunca foi amada...

O perdão da compaixão é o único caminho que leva ao amor incondicional. É um lugar onde não há ego, nenhum julgamento e nenhuma reparação. Seu trabalho não é acertar o que está errado, seu trabalho não é tentar consertar nada, porque você não pode fazer isso, ninguém pode. O que foi feito, foi feito. O que aconteceu nunca poderá ser desfeito. A ferida foi feita, o dano aconteceu e cada um vive com as próprias cicatrizes. Todos nós suportamos as consequências de nossos próprios erros e muitas vezes dos erros dos outros. Entretanto, o perdão da compaixão é entender o que é ser humano, o que é machucar alguém e se sentir machucado. É algo que vem de um lugar de amor e compreensão. Um profundo conhecimento de que você não era o único que sofria.

É reconhecer a escuridão e a dor pelas quais aquela pessoa fez você passar, mas, quando nos colocamos sob rótulos, como Vítima e Agressor, esquecemos o humano, a criança sob esses rótulos. Nós nos esquecemos de que mesmo o agressor já foi vítima, e também estava sofrendo, nós também nos esquecemos de que a vítima uma vez foi o agressor.

Isso nos torna todos monstros? Ou simplesmente não sabíamos o que fazer com tanta dor?

Quando a dor é deixada sem solução e escondida dentro de nós, ela se manifesta de uma forma ou de outra. E muitas vezes aparece em outras pessoas e deixa uma ferida profunda, transformando-se em uma marca que vai durar por toda a vida.

Dor gera dor, e enquanto você a estiver incubando dentro de si, vai gerar dor dentro e fora de você.

O perdão é simplesmente a compreensão de que você não era o único que sofria. É a compreensão de que, como seres humanos, não somos imunes a nenhuma escuridão. Mas nós também temos a capacidade de transformá-la, não existe ser humano que não nasceu com a sua luz. Não importa de onde você veio nem a cor de sua pele. Não importa o que tenha feito ou não tenha feito, você ainda carrega essa luz dentro de si, e ela só está esperando uma chance de ser libertada. Esperando a oportunidade de aparecer em sua vida e trazer luz para todos os lugares escuros dentro de você, que vêm pesando, convencendo você de que tem uma identidade que não é verdadeira à sua essência.

O perdão é uma janela para a sua alma. Permite que a brisa fresca do sol da manhã entre e traga calor e conforto ao seu coração. Tudo o que precisamos fazer é abrir essa janela e deixar a vida fazer o resto.

O PERDÃO DA COMPAIXÃO
É O ÚNICO CAMINHO QUE LEVA
AO AMOR INCONDICIONAL.
É UM LUGAR ONDE NÃO HÁ EGO,
NENHUM JULGAMENTO E
NENHUMA REPARAÇÃO.

CAPÍTULO 8

encontrando a minha verdade

Essa parte da minha história foi ao mesmo tempo mágica e aterrorizante. Eu não sabia o que seria minha vida sem Júlio. Eu não sabia quem eu deveria ser sem toda a bagagem de opiniões sobre mim que eu carregava e que se tornou minha verdadeira identidade. Não sabia mais o que era certo ou errado. Tudo o que sabia era que acabara de entrar em uma estrada muito solitária, que só cabia a mim.

Quando você é roubado de si mesmo sempre existe a sensação de culpa. Você sempre sente que deve algo, que precisa fazer qualquer coisa para compensar isso de alguma forma. Você acredita que está sempre errado, que não é bom o suficiente e, portanto, precisa sempre estar compensando.

Eu escrevi cartas para pedir desculpas por coisas que nunca foram minha culpa, chorei todas as noites pensando que eu tinha sido uma decepção para Júlio, senti que tinha de compensá-lo e provar-lhe que não era o que outras pessoas me faziam parecer.

Eu ainda sentia como se a minha chave estivesse nas mãos de todos, exceto nas minhas. Sempre mantive minha cabeça baixa e me assegurei de fazer todas as coisas certas para ser aceita e amada. Ao deixar a comunidade de Júlio, pulei de um lugar para outro, até perceber que não queria mais isso. Precisava desesperadamente encontrar meu próprio caminho. Não queria mais viver sob sistemas de crenças coletivas. Embora David Berg já tivesse morrido e a comunidade houvesse mudado muito, a base dos sistemas de crenças e a história ainda eram como sombras que me seguiam aonde quer que eu fosse.

Eu odiava relacionar a imagem de Deus a um homem que me desejava e queria sexualmente. Eu queria ajudar as pessoas, adorava poder falar sobre como o amor transformou minha vida e como ele pode curar qualquer ferida. Adorava falar sobre esse novo Deus que Júlio me apresentou e sentia que fazendo isso ainda estaria de alguma forma completando minha missão e deixando-o orgulhoso.

No entanto, não queria fazer isso nesse pacote, dentro dessas comunidades. Então, decidi arrumar minhas malas novamente e ir a uma pequena cidade no meio do nada. Eu queria começar onde ninguém pudesse estar perto o suficiente para me julgar ou observar meus passos para checar se eu estava fazendo algo errado de seu ponto de vista. Eu precisava ser livre, eu precisava de um lugar para lidar com coisas que só sentia segurança de expressar quando estava sozinha.

Então, sem mais nem menos, eu e uma amiga, Leila, nos vimos com nada além de uma mochila, dinheiro suficiente para uma noite em um hotel e o coração explodindo de alegria por finalmente sermos livres!

Nem uma vez eu me perguntei se as coisas acabariam mal, ou se eu não conseguiria chegar até o fim. Eu só tinha certeza de que a vida estava cuidando de mim e, assim como os pássaros e os animais, eu fazia parte desse ciclo bonito chamado vida, eu era a criação de Deus e Ele provou algumas vezes que estava cuidando de mim.

Nunca me esqueço da sensação ao chegar a essa pequena cidade, ver cavalos galopando ao lado dos carros, a folhagem verde e lindos pores do sol. Esse lugar parecia o céu e era doce como um lar.

Mais de duzentas cachoeiras, estradas feitas de pedras perfeitas, casas cor-de-rosa e azuis, milhares de pássaros e periquitos cantando em cada árvore, como se estivessem me recebendo em casa, um lugar que se tornaria meu casulo, o lugar seguro onde eu poderia curar as feridas mais profundas que ainda viviam dentro de mim.

EU SÓ TINHA CERTEZA DE QUE A VIDA
ESTAVA CUIDANDO DE MIM E,
ASSIM COMO OS PÁSSAROS
E OS ANIMAIS, EU FAZIA PARTE DESSE
CICLO BONITO CHAMADO VIDA.

Eu não conseguia parar de sorrir, sentia algo que nunca tinha sentido antes, a sensação de liberdade. Eu poderia ser e fazer o que quisesse. Poderia começar tudo de novo. Poderia aprender a me amar e começar a deixar a dor ir embora. Eu poderia construir o sonho de Júlio novamente e, de alguma forma, eu tinha certeza de que ele estaria me olhando e orgulhoso de mim.

Antes de Júlio morrer ele sempre me dizia: "Dawn, quando você olhar em volta e vir um bem-te-vi, saiba que sou eu te observando".

Essa pequena cidade estava cheia de bem-te-vis. Era como se Júlio nunca tivesse ido embora, era como se estivesse em todas as árvores me observando e me amando; cuidando de mim de longe.

Sentada em uma pedra ao lado de um riacho, abri meu diário, meu melhor amigo e companheiro, e comecei a compartilhar os sentimentos avassaladores que estavam passando por mim.

Data: 19/09/2009

Querido Diário,

É o meu primeiro dia neste lugar, não sei o que vai acontecer aqui, estou cheia de alegria, mas também me sinto assustada, a minha mente não para. Mas, Deus, confio em você com todo o meu coração, porque você é a rocha na qual eu repouso meus pés cansados. Você me trouxe aqui, então você vai cuidar de mim e fornecer tudo o que eu preciso. Apenas me ajude a não tirar meus olhos de você. Guia-me para que eu não caia, e se eu o fizer, por favor, me carregue ...

Em apenas alguns meses, logo ficamos conhecidas como as missionárias da cidade. Fomos chamadas para dar palestras, fazer estudos bíblicos na casa de pessoas influentes daquela cidade e, enquanto caminhávamos pelas ruas, os sorrisos e as saudações nos recebiam em todos os lugares. Caminhávamos nas estradas de pedra o dia inteiro visitando casas que estavam caindo aos pedaços, curando feridas e ajudando as pessoas que passavam por momentos difíceis. Adorei receber esses chamados de ajuda, pois ouvia nessas vozes esperança de que de alguma forma poderíamos aliviar a dor e trazer a luz para os lugares sombrios. Nunca me senti tão feliz, pois, ao aliviar a dor dos outros, comecei a suavizar a minha. Quanto mais me concentrava em ajudar, menos me concentrava nas minhas preocupações, nos meus medos e nas minhas feridas.

É uma coisa bonita se mover e ajudar os outros, é lindo poder experimentar a vida e a gratidão nos olhos de alguém que foi tocado por você. Entretanto, só nós sabemos como nos sentimos quando as luzes se apagam e não há ninguém por perto além de nós mesmos no escuro. Todos os seus segredos saem para brincar, todas as experiências dolorosas voltam à vida em seus sonhos e em seus pensamentos. Durante o dia, não havia nada além de alegria, e eu desejava que a noite nunca chegasse.

Ao acordar tremendo olhei para o meu relógio, 3 da manhã de novo. Era a quinta noite em que eu acordava na mesma hora com o coração acelerado. Um medo que parecia me consumir de um jeito que eu mal conseguia mexer meu corpo. Eu estava devastada pelo medo e não havia nada que pudesse fazer. Estava envergonhada demais para pedir ajuda e assustada demais para abrir a boca. Sozinha durante horas, tudo o que pude fazer foi tentar orar e pedir por algum tipo de ajuda. Não entendia por que isso estava acontecendo comigo. Minha vida parecia tão boa, eu estava livre, mas algo lá dentro ainda me prendia. As sombras do meu caminho me perseguiam, o sentimento de ser sem valor, as memórias daquele corpo pesado sobre o meu, o medo de nunca ser o suficiente, as imagens das meninas com as quais Júlio dormiu, as frustrações e as decepções que tanto tentei esconder à noite me abalavam de maneira que não conseguia sequer me mexer.

Era terrível e, ao mesmo tempo, cansativo. Eu acordava no dia seguinte com cada músculo do meu corpo doendo por ter se contraído durante horas. Se você já experimentou o medo, saberá quão devastador ele pode ser. Eu sabia que se não enfrentasse essas sombras todos os meus esforços seriam em vão. Eu era como um médico salvando vidas enquanto eu morria de um câncer que tinha cura, mas que, se eu não tomasse o tempo para me curar, ele me mataria.

Eu queria continuar a ajudar os outros, esse era meu sonho, ser livre e dedicar a minha vida a algo que tivesse um significado. Isso me ajudou a encontrar algum valor, mas a vida estava me dizendo que era hora de parar, ela estava me dando a chance de curar e libertar o que ficou preso no meu porão por tantos anos. Havia tanta coisa acontecendo, havia tantas sombras que eu não sabia por onde começar.

Levei algum tempo até reunir coragem suficiente para voltar ao depósito trancado onde ficavam todos os meus diários e as minhas sombras. Comecei a ler um a um, os diários que escrevi naquela casinha de cachorro, as cartas que ainda tinham as manchas das lágrimas.

Toda página era como uma faca em meu coração, eu não queria uma desculpa para odiar Deus, não queria uma desculpa para odiar Júlio, não queria uma desculpa para odiar a vida, mas quanto mais lia mais raiva eu sentia. "Por que isso aconteceu comigo, por que isso aconteceu com as pessoas que eu amava, por que ele fez isso?" Essas perguntas não tinham resposta e a única coisa que ficou foi a dor, as lembranças que tentei tanto esquecer. "De que serve lembrar? Eu queria simplesmente deixar tudo ir embora", não queria ter de admitir que tudo era verdade e que eu carregava essas cicatrizes. Para mim, elas pareciam tão feias e eu desejava que pudessem simplesmente desaparecer. Percorri um longo caminho, mas enfrentar essas feridas parecia muito difícil de suportar.

Comecei a rasgar cada página para garantir que ninguém mais pudesse ler ou ver aquelas palavras. Fiquei com raiva de ter documentado aquelas coisas, fiquei brava ao ver quanta manipulação eu tinha passado. Ao longo dos anos, ensinaram-me que Jesus era meu amante e a única maneira de me aproximar Dele era dessa forma. Escritas com minhas próprias mãos, aquelas cartas que fiz a Jesus pedindo-lhe para me salvar e transar comigo e fazer de mim o que quisesse, se Ele apenas ajudasse a parar a dor. Ler essas palavras me deixou enjoada, fez-me sentir tão fraca. Como pude escrever uma coisa dessas? Eles não tinham o direito de invadir minha mente do jeito que fizeram, e agora quem tinha de conviver com as consequências daquilo era eu. Era como se eles tivessem me manipulado e me feito acreditar em algo que fosse contra tudo o que parecia certo, fiz do agressor meu amigo e aprendi a me render se eu quisesse ser amada e protegida.

E a manipulação mental acontece de um modo que realmente não dá para definir, porque não é como se tivessem de fato feito alguma coisa, apenas colocam essas ideias em sua mente, mas quem faz as coisas é você! Eu me sentia enojada comigo mesma, envergonhada e constrangida por todas as palavras escritas.

Olhando para o chão para o que restava dos meus antigos diários, era tão bom não poder mais lê-los. Rasguei cada página em pequenos pedaços e agora estava pronta para me livrar deles de uma vez por todas, coloquei-os em uma sacola de lixo e saí para a rua.

Colocando-a no chão, eu estava brava demais para chorar, confusa demais para pensar e cansada demais para manter esse peso comigo. "Eu estou deixando vocês irem embora", sussurrei quando coloquei a sacola no chão. "Eu nunca mais quero ver ou ouvir vocês de novo". Voltando para minha casa, estava decidida a nunca mais falar sobre isso. Esse era o meu passado, e agora eu precisava avançar e criar uma nova vida para mim. Eu poderia começar com uma nova página em branco.

Mal sabia eu que jogar fora o meu passado não faria tudo ficar bem. Jogar a dor lá fora não faria parar de doer. E, definitivamente, não mudaria o que aconteceu. Nada poderia mudar, o que estava feito, foi feito e pronto. Esconder minhas feridas poderia me impedir de ter de olhar para elas, mas nunca me impediria de senti-las.

Meus ataques de pânico não pararam, e agora as coisas com a minha amiga não estavam indo muito bem. Recebemos um visitante da comunidade de Júlio que veio com a intenção de nos "ajudar", mas só serviu como uma figura opressiva que mais uma vez me lembrou de que Júlio morreu bravo comigo por causa do meu espírito rebelde e que eu precisava agora obedecer e seguir seu comando. Ele apontou tudo o que estávamos fazendo de errado e certificou-se de me colocar contra a minha amiga.

Mais uma vez senti que a história estava se repetindo e eu estava chegando a outra prisão.

MAL SABIA EU QUE JOGAR FORA O MEU PASSADO NÃO FARIA TUDO FICAR BEM. JOGAR A DOR LÁ FORA NÃO FARIA PARAR DE DOER. E, DEFINITIVAMENTE, NÃO MUDARIA O QUE ACONTECEU.

Finalmente, tivemos coragem de pedir-lhe que saísse, e ele fez isso com prazer, para depois admitir que nunca quis realmente estar lá e tinha a intenção de tornar nossa vida um inferno até que pedíssemos para que ele fosse embora. Ele se foi, mas o estrago já estava feito, e foi criado um abismo entre mim e Leila, algo que parecia sem volta. Eu a amava mais que tudo. Ela se tornou minha melhor amiga, e juntas criamos essa bela casa, um trabalho maravilhoso que ajudou tantas pessoas. Fiquei tão feliz e sabia que Júlio estava orgulhoso do que conseguimos em apenas um ano e meio. Chegamos com nada e agora tínhamos uma missão e um trabalho tão bonitos nessa cidade.

No entanto, tudo desabou no dia em que minha amiga voltou para casa e deixou escapar "Dawn, já estou na casa dos 30 anos, não quero me tornar uma Madre Teresa, quero uma família, eu quero filhos, quero um homem na minha vida. Eu acho que devemos começar a nos abrir para ter relacionamentos".

Olhei para ela e essa era a última coisa para qual eu estava pronta. Já fazia seis anos que eu não tinha nenhuma experiência sexual e também não estava preparada. Eu estava morta de medo, porque durante anos na outra comunidade eu era vista como um espírito ruim que seduzia os homens e dentro de mim ainda havia parte dessa culpa e o medo de ferir pessoas as quais eu amava por causa desse espírito desconhecido. Eu já havia orado tanto a Deus para tirar isso de mim. Tentei fazer tantas coisas para não chamar a atenção, mas parecia que nunca funcionava.

Por mais que eu tentasse, os homens se sentiam atraídos por mim, e eu sempre estive consciente disso. E gostava. Adorava ser olhada, valorizada e admirada. Entretanto, eu sabia que o que os homens sempre queriam em mim era o que estava por fora. Eu sabia o que eles estavam pensando pelo jeito que me encaravam, e eu fora treinada toda a minha vida para seduzi-los, então não era realmente um mistério para mim, eu pensava que, mesmo que conscientemente eu não fizesse as coisas que diziam, talvez elas acontecessem sem querer e eu não percebia. Eu me odiava por isso, mas parecia algo sobre o qual eu não tinha controle.

Lembro-me de uma vez na comunidade quando um dos homens disse a Júlio: "Eu amo minha namorada, mas eu desejo ter a Dawn".

Essa crença de "sou apenas um objeto sexual que não é digno de ser amado" encontrou mais espaço dentro de mim para criar raízes e se tornar uma verdade inabalável.

Eu estava aterrorizada com a ideia da minha amiga, mas eu sabia quão importante era para ela, então concordei com o plano. Começamos a sair, a flertar e conhecer pessoas interessantes, mas meu maior medo começou a se concretizar, muitos homens se interessavam por mim, e eu não estava interessada em nada, por isso sempre passava o telefone da minha amiga. Contudo, eu sentia que não era a única que percebia aquilo, e ela começou a tentar competir e entrar em discussões que sempre partiam de um lugar de inveja. Meu maior pesadelo estava acontecendo e lentamente começou a nos separar.

Um dia conhecemos um turista australiano que visitava a cidadezinha e o convidamos para passar o dia conosco e conhecer uma das cachoeiras. Esse foi o primeiro cara de que eu realmente gostei e me senti bastante atraída por ele. Durante todo o dia, porém, eu notei que minha amiga também gostava dele, e sabia que isso não acabaria bem. Terminamos as caminhadas e depois fomos a uma festa. Ao caminhar ao lado dele, notei que ele também gostava de mim e sabia que isso perturbaria muito a Leila. No entanto, meu interesse por ele falou mais alto. Naquela noite, nós o convidamos para ficar em nossa casa, e eu sabia o que estava por vir, estava com medo de que algo realmente acontecesse, mas queria me esforçar um pouco e começar a desbloquear essa parte da minha vida.

Ele passou a noite inteira tentando algo mais, e passei toda a noite dizendo que não, mesmo que eu quisesse tanto dizer sim, algo em mim ainda estava fechado. As memórias vinham inundando a minha mente, "Você nunca será suficiente". E cada vez que vieram, fechei-me ainda mais. De manhã, finalmente desisti e deixei acontecer, mas foi terrível. Odiei cada minuto. Não parecia certo e eu não me sentia bem.

Eu disse a ele que queria dedicar a minha vida a servir os outros e não precisava de sexo nem de nenhum relacionamento com os homens. Ele olhou para mim com um sorriso e disse: "Dawn, você não precisa ser uma freira, você precisa de ajuda para poder aproveitar a vida e tudo o que ela tem para oferecer e ainda viver seu sonho de ajudar as pessoas. E, a propósito, quando chegar lá, lembre-se de me ligar!".

Esse estranho, com quem fiquei por um único dia, estava deitado ao meu lado e me ajudando a entender que me esconder e fugir, mesmo que fosse por uma boa causa, ajudando as pessoas, ainda era fugir, eu estava correndo da minha felicidade.

Ele me fez entender que eu não era algo irreparável. Que, se colocasse energia suficiente naquela área da minha vida, poderia encontrar alegria e paz na minha sexualidade e que ajudar os outros precisava vir de um lugar de amor por mim mesma. Como poderia amar e cuidar dos outros quando eu não podia fazer isso por mim?

E a partir desse dia, a vida começou a soprar seus ventos de mudança e tudo começou a desmoronar. Entendi que a vida nos dá muitos sinais e, na maioria das vezes, ignoramos todos, então ela traz o vento e logo as tempestades. A vida vem como um tornado, passando e destruindo tudo. Assim, meu sonho nesta cidade, minha amizade, minha casa e minha saúde desabaram ao chão.

Na cidade, conhecemos essa outra mulher, chamada Sol (sim, mais uma Sol!), cujos pais também tinham sido membros dos Meninos de Deus, para minha surpresa, nós nos tornamos imediatamente amigas e protegíamos uma a outra.

Um dia ela nos convidou para jantar em sua casa. O marido e os filhos dela sempre foram muito gentis e nos tratavam como parte da família. Naquela noite, ela me levou ao quarto e me disse que gostaria de me mostrar um vídeo. Minha amiga já havia assistido, seus olhos estavam vermelhos e ela não conseguia olhar para mim. Meu coração estava pesado e eu não tinha muita certeza a respeito do que era o vídeo que eu precisava ver. Ele realmente tinha aborrecido minha amiga de tal maneira que ela parecia furiosa e devastada, tudo ao mesmo tempo. Sentei-me na sala de vídeo enquanto Sol fechava a porta atrás de mim. Comecei a assistir e meu coração simplesmente parou. Eram as histórias de meninas jovens, assim como eu, explicando o que tinham passado no Meninos de Deus, o abuso e o dano que elas tinham de carregar para o resto da vida. Elas perderam uma irmã, assim como eu. Eu queria chorar, mas a raiva começou a crescer dentro de mim. "Por que Sol está tentando me jogar contra a minha família, o lugar em que cresci, o lugar que já foi minha casa?" Por mais que me sentisse machucada, ouvir essas histórias das meninas era como se eu precisasse admitir a minha história, e eu não queria passar por isso de novo.

Saí da sala e fui diretamente até Sol, "Por que você está fazendo isso? Por que você está tentando me fazer ir contra minha própria família?". Ela olhou para mim calmamente e disse: "Dawn, eu não quero que você vá contra nada, eu só preciso que você veja a verdade de onde você veio e, se você já amou algo assim, eu estou aqui para ajudar você. Eu só quero ajudá-la". "Venha aqui", ela disse. Levando-me de volta ao quarto, ela colocou fones de ouvido em mim e tocou uma música que eu nunca tinha ouvido antes, chamada "Fix you"[5]...

À medida que a música começou a tocar, parecia que cada palavra tinha sido escrita para mim.

"Quando você perde algo que você não pode substituir"[6], e eu sentia como se tivesse perdido, perdi minha infância, perdi minha inocência e, não importa o que eu faça, isso desapareceu para sempre.

> *Quando você se sente tão cansado, mas não consegue dormir*
> *Preso em marcha a ré*
> *As luzes vão guiá-lo para casa*
> *E acender seus ossos*
> *E vou tentar consertar você*[7].

Essas palavras me levaram ao chão e, rastejando em posição fetal, chorei e chorei.

Era possível consertar a confusão que estava dentro de mim? Existia realmente um caminho de volta para o meu lar?

Cada palavra dessa música me deu esperança de que, mesmo dentro desse casulo, onde eu me sentia completamente quebrada, cada osso, cada órgão, cada parte da minha alma e do meu coração estava em pequenos pedaços, havia alguém que poderia me consertar, alguém que me ajudaria e me guiaria no caminho de volta para o meu lar.

"Deus me conserte, por favor, me conserte", chorei até a música terminar e fui para casa naquele dia em silêncio. Eu não sabia o que dizer nem o que pensar. Eu sabia que tinha perdido Leila, ela deixou sua raiva se tornar um abismo entre nós e senti que de alguma forma me culpava por defender esse grupo horrível, mas ela não conseguia me entender, não podia ver quanto eu

---

5 Canção do Coldplay. (N.E.)

6 No original: "When you lose something you can't replace." (N.E.)

7 No original: "When you feel so tired but you can't sleep / Stuck in reverse // Lights will guide you home/ And ignite your bones / And I will try to fix you." (N.E.)

estava sofrendo, e, ao jogar tudo fora, toda a comunidade, ela também estava me incluindo nisso, porque, mesmo que aquele lugar fosse o lar da dor, não era um grupo horrível. Não estava cheio de monstros. Era também minha família. Nasci lá, vivi momentos maravilhosos com pessoas maravilhosas e vivi os piores pesadelos também, mas não conseguia simplesmente jogar tudo fora, se eu o fizesse também estaria jogando fora a mim mesma porque parte de mim era aquela comunidade.

Dias se passaram e meu silêncio tornou-se maior e maior. Fiquei distante de Sol e de Leila. E me machucava muito estar tão longe de Leila. Eu a amava como se ela fosse minha irmã mais velha, mas nosso relacionamento começou a deteriorar-se e começamos a trazer à tona o pior uma da outra.

Eu me encontrei um dia, na casa dos nossos sonhos, completamente sozinha. Todos os dias, visitando pessoas, fazendo o trabalho missionário, mas nada mais fazia sentido. As pessoas me perguntavam sobre Leila e eu não sabia o que dizer. Ela começou a falar mal de mim e tudo o que eu queria era corrigir as coisas. Deitada no chão da minha sala de estar, muito doente com pneumonia, ouvi uma e outra vez aquela canção, e implorei para ser consertada em tudo o que havia se quebrado dentro de mim.

Percebi que não adiantava tentar fugir de todas as dores, se eu não as enfrentasse, assim como o medo, elas me consumiriam. Eu tinha feito meu corpo perfeitamente saudável ficar doente, perdi minha melhor amiga, estava perdendo tudo o que eu amava. Eu sentia dor em tantos lugares, que não sabia onde ela começava e onde terminava.

Essa foi mais uma noite escura da minha alma. Noite e dia, com febre alta, rezei sob meus cobertores e desejei que o mundo pudesse acabar, e com ele toda a minha dor.

Culpei-me por tudo o que havia dado errado, pedi a Deus que me perdoasse por deixar meu sonho desmoronar novamente. Eu sabia que Júlio estava triste comigo, eu também o havia decepcionado.

Uma das minhas queridas amigas naquela cidade era como um anjo na minha vida, ela me tirou daquela sala de estar fria, levou-me ao hospital, cuidou de mim e me deixou trabalhar na loja dela enquanto eu tentava entender qual seria o meu próximo passo.

O amor sempre teve uma maneira de se manifestar na minha vida, ele veio nos momentos em que mais precisava, ele crescia dentro de mim reconfortante, ensinando-me, dando-me esperança.

Um dia, ele se manifestou de maneira tão linda. Eu estava de novo acordada por horas, pensando apenas na vida e no que devia fazer, quando liguei meu computador para assistir a uma palestra desse homem que eu realmente admirava, Myles Munroe! Ele estava falando sobre propósito, e das milhares de palavras que saíram de sua boca, uma frase golpeou-me como a luz de uma lâmpada.

"Encontre algo que você odeia, e quando você o fizer, saiba que você nasceu para corrigi-lo, transformá-lo, mudá-lo!"

Foi nesse momento que entendi que guardar toda essa dor e apenas deixá-la se tornar sofrimento, e em seguida ódio, era inútil e destrutivo.

Entretanto, se eu usasse tudo o que me machucava, usasse a dor e o ódio para me darem força para superar, transformar e reciclar o sofrimento, a mesma dor poderia se tornar minha maior força! Eu nasci para mudá-la!

Comecei a pôr no papel tudo o que eu odiava, tudo o que havia acontecido comigo, tudo o que aconteceu com as pessoas que eu amava, como eu odiava a manipulação mental, como eu odiava a maneira como a religião usava Deus para oprimir as pessoas, como eu odiava o sofrimento e como estava destruindo meu coração, meu corpo e minha alma...

ENTRETANTO, SE EU USASSE TUDO O QUE ME MACHUCAVA, USASSE A DOR E O ÓDIO PARA ME DAREM FORÇA PARA SUPERAR, TRANSFORMAR E RECICLAR O SOFRIMENTO, A MESMA DOR PODERIA SE TORNAR MINHA MAIOR FORÇA! EU NASCI PARA MUDÁ-LA!

Naquele dia passei toda a noite acordada escrevendo e observei enquanto o sol começava a aparecer. Olhando pela janela do meu quarto, vi sentado calmamente em um galho de árvore um grande bem-te-vi de peito amarelo.

Meu coração estava tão calmo, senti como se um enorme peso tivesse saído das minhas costas. Era tão bom, o sol quente no meu rosto, a luz entrando e invadindo todos os cantos escuros da minha vida, eu sabia que era hora de enfrentá-los, curá-los e voltar para o meu lar.

Essa peça do quebra-cabeça da minha vida estava me ensinando que os segredos matam, e não importa quanto eu tente fugir deles, escondê-los ou fingir que nunca aconteceram, eles ainda estarão lá todas as manhãs quando eu acordar. Influenciando a maneira como vejo a vida, como me relaciono com as pessoas e como eu me vejo.

Expor a verdade é a coisa mais difícil de fazer porque estamos aterrorizados com o que as pessoas vão pensar de nós e como vão nos julgar. Há algumas feridas que deixam cicatrizes profundas dentro de nós, como o abuso, seja sexual, seja mental. Ele deixa uma marca tão devastadora que apenas quando você passa por isso sabe quanto dói. É um dano que ninguém pode realmente ver, exceto você,

MEU CORAÇÃO ESTAVA TÃO CALMO,
SENTI COMO SE UM ENORME PESO
TIVESSE SAÍDO DAS MINHAS COSTAS.
ERA TÃO BOM, O SOL QUENTE NO
MEU ROSTO, A LUZ ENTRANDO
E INVADINDO TODOS OS CANTOS
ESCUROS DA MINHA VIDA,
EU SABIA QUE ERA HORA DE ENFRENTÁ-LOS,
CURÁ-LOS E VOLTAR PARA O MEU LAR.

uma ferida que toca sua alma. Ela se liga a um sentimento de vergonha, um sentimento de nunca ser o suficiente, um sentimento de que você foi jogado fora, usado e descartado. Isso rouba de você todo seu amor-próprio e respeito por si mesmo, e quando você perde isso, você perde tudo.

Ter de enfrentar a verdade do meu passado me causou tanto conflito porque eu sabia que seria julgada. Tudo pelo que você passou na sua vida é a sua história, é a sua verdade! Isso não significa, porém, que seja a verdade de outra pessoa. Todos percebemos a vida de maneiras diferentes, nossa visão do mundo e da vida é baseada exclusivamente em nossa bagagem de emoções, e só podemos ver através de nossas próprias lentes, portanto, em todas as situações e experiências, sempre existirão pontos de vista diferentes, opiniões diferentes, histórias diferentes e verdades diferentes.

A verdade de ninguém invalida a sua, mas às vezes você precisa entender que nem sempre será entendido. Em diversas ocasiões você será chamado de mentiroso. Eu precisava correr o risco de expor as verdades dentro de mim, sabendo que poderia nunca ser realmente ouvida e entendida. Era como se eu nunca tivesse permissão para contar minha história do jeito que me **sentia** em relação a ela. Do jeito que **machucou**, da maneira como eu **vi**, eu sempre precisei me convencer de que não era exatamente assim e que lá essas pessoas não eram pessoas ruins, e elas realmente não eram. Contudo, se eu não pudesse enfrentar a minha verdade, eu viveria sempre a verdade de outra pessoa. Viveria sempre sob a mesma história. "Sim, sou missionária, nascida em uma comunidade cristã que quer mudar o mundo pelo amor e que acredita em um amor livre." Essa frase, essa história, essa máscara eram antigas e rígidas. Eu não me encaixava mais nelas. Não queria jogar fora o meu passado, eu podia reconhecer as pessoas boas e maravilhosas que eram minha família nessa comunidade, e que também havia milhares de histórias, algumas nunca contadas, algumas ainda escondidas sob a vergonha e a culpa e algumas trancadas pela ignorância. Antes que eu pudesse ir mais além na minha vida, porém, eu sabia que tinha chegado o momento de parar de temer os outros e encontrar meu próprio caminho. Viver na minha verdade, ser capaz de ver o mundo com meus próprios olhos. Ser o melhor que eu pudesse ser e fazer o que o meu coração me levasse a fazer.

VIVER NA MINHA VERDADE, SER CAPAZ DE VER O MUNDO COM MEUS PRÓPRIOS OLHOS. SER O MELHOR QUE EU PUDESSE SER E FAZER O QUE O MEU CORAÇÃO ME LEVASSE A FAZER.

Estava sentada no ônibus no meu caminho de volta para minha família. Já havia demorado muito. Olhando para trás para essa pequena cidade que foi meu lar, meu casulo, eu sabia que sentiria muita falta dali. Sentiria falta de todos os corações que de alguma forma ajudei a curar e, ao ter a oportunidade de servi-los, eles também me ajudaram. Cartas e fotos que segurava na minha mão das famílias que eu conhecera e que jamais seriam as mesmas depois de nossos caminhos terem se cruzado. Eu sabia que eu também não seria a mesma, todos os amigos, todos os gestos de amor fizeram enorme diferença na minha vida. Fiquei tão triste por ir embora. Meu coração estava pesado mais uma vez por ter de partir de novo, mas, em compensação, a vida estava me trazendo uma nova etapa de mudança. E quando esse vento sopra, não há nada que você possa fazer. Se você resistir, lutar contra ele ou ficar imóvel, o vento finalmente ganhará, e você se encontrará sofrendo em um ciclo de tristeza e frustração.

Eu não sabia o que estava à minha frente nessa nova etapa. Não sabia como seria com minha família novamente, estávamos muito distantes. Não tinha ideia do que falaríamos ou o que faríamos. Nunca tive de viver na sociedade e entrar na corrida dos ratos de ganhar dinheiro, alcançar o sucesso e constantemente "fazer algo" para ser vista e reconhecida. Foram sete anos nos quais nunca estive em um relacionamento e uma vida inteira sentindo que não pertencia a este mundo. Encontrei um lugar seguro com Júlio, mas agora tudo tinha acabado e a vida estava dizendo que estava na hora de sair do casulo e descobrir uma nova vida. Uma com asas, uma na qual eu não precisasse mais rastejar no chão. Você foi feita para voar, e sua vida agora está apenas começando.

Como a lagarta em seu casulo finalmente começa a tomar forma, eu sabia que meu momento estava chegando. Minhas asas eram fortes, mesmo que minha mente ainda tivesse dificuldade em descobrir o que seria minha vida. Entretanto, algo em mim sabia que, não importava o que essa nova fase me apresentaria, eu estava pronta para ela. Estava preparada para esse momento e agora era como se eu estivesse em um grande parque de diversões, cheio de aventuras e desafios; mas que foi feito para ser divertido e emocionante!

E pouco a pouco as rachaduras começaram a se abrir e a borboleta lentamente abriu caminho para fora, fora de seu lar, o lugar que deu luz a seu novo eu transformado. O lugar que era tanto a morte como a vida, o fim e o começo.

Dor, nosso fim e nosso começo. Um lugar de crescimento, mudança e transformação que às vezes parece ser o fim. Porque com a mudança perdemos coisas, pessoas, momentos e até mesmo a identidade de quem acreditávamos ser. E esses momentos ocasionalmente se parecem com a morte. No entanto, meus queridos, isso é apenas o início de um novo estágio, um novo ciclo, um novo VOCÊ!

ESTAVA PREPARADA PARA ESSE MOMENTO E AGORA ERA COMO SE EU ESTIVESSE EM UM GRANDE PARQUE DE DIVERSÕES, CHEIO DE AVENTURAS E DESAFIOS; MAS QUE FOI FEITO PARA SER DIVERTIDO E EMOCIONANTE!

CAPÍTULO 9

tudo começa dentro de você

Este capítulo é sobre uma das maiores lições que aprendi com a vida: você só pode curar e perdoar os outros quando aprende a curar e perdoar a si mesmo. Porque, quando começamos a percorrer os arquivos ocultos de nossos segredos e de nossas sombras, as primeiras coisas que aparecem são os segredos que escondemos de nós mesmos. Os motivos pelos quais vivemos constantemente com vergonha, os erros cometidos, a dor que geramos e as feridas que deixamos no coração e na alma daqueles que cruzaram os nossos caminhos. Nesses arquivos também estão todas as palavras, todas as interpretações e todas as crenças que temos sobre nós mesmos. Carregamos a dor e a raiva dos outros como se fossem nossas. Acreditamos que não valíamos a pena, acreditamos que não éramos o suficiente e assumimos a missão de consertar a terrível desordem na qual nos tornamos, e esquecemos que na verdade não há nada a consertar.

No fundo eu não queria ter de enfrentar a verdade sobre o que acontecera comigo, porque eu precisaria encarar o que eu tinha feito e a dor que eu também havia gerado. Eu estava constantemente me rejeitando. Eu não tinha amor-próprio.

Estava determinada a entrar nessa nova fase da minha vida que, pela primeira vez, não dizia respeito a mais ninguém além de mim. Eu sabia que esse momento, essa fase, era sobre voltar ao meu lar, voltar para quem eu realmente era, amando-me e aceitando-me.

EU SABIA QUE ESSE MOMENTO, ESSA FASE, ERA SOBRE VOLTAR AO MEU LAR, VOLTAR PARA QUEM EU REALMENTE ERA, AMANDO-ME E ACEITANDO-ME.

Chegando à casa da minha mãe, fiquei tão feliz por finalmente estar ali com ela e minhas irmãs, reunidas em nosso próprio lugar fora das comunidades. Todas pareciam tão evoluídas na vida, como se tivessem encontrado uma maneira incrível de se encaixar e fazer algo de sua existência. Eu, em compensação, sentia-me como uma estranha para a sociedade. Ainda me sentia como a jovem missionária que fantasiava um mundo cheio de corações com boas intenções. Sentia-me como uma criança pequena que caíra em uma selva com leões e tigres e tinha de começar a aprender rapidamente a se proteger e a cuidar de si.

Parte de mim só queria ser vista como "normal". Queria ser aceita dessa vez porque minha primeira tentativa fora desastrosa, mas, ao mesmo tempo, parte de mim queria fugir novamente, encontrar outra comunidade onde pudesse simplesmente me esconder.

No entanto, quando a vida decide que você está pronto, seu casulo começa a se abrir e você não pode mais ficar lá dentro. É preciso sair e começar a nova jornada. E quando abre suas asas e começa a voar, as coisas entram nos eixos e, finalmente, você entende que tudo o que precisava para lidar com essa nova fase estava dentro de você. Eu estava sendo preparada para esse momento e precisava enxugar as lágrimas e tirar o melhor proveito do que a vida me apresentava.

Nunca me esqueço do dia em que fui para a minha primeira entrevista de emprego. Eu estava tão nervosa e realmente não tinha ideia do que ia dizer: "Oi, eu vivi toda a minha vida em comunidades, nunca estudei, mas eu preciso trabalhar.". Ah, não, tudo o que eu pensava em dizer simplesmente parecia errado.

De repente, eu me vi sentada em uma cadeira dura esperando que o diretor de uma escola de inglês me entrevistasse. Estava sendo entrevistada para me tornar uma assistente de professor para crianças pequenas, e eu sabia que poderia fazer um ótimo trabalho. Cuidara de crianças durante toda a minha vida e realmente amava estar ao redor delas. Eu sabia que seria a melhor profissional nesse trabalho, mas eu não tinha nada para provar isso.

Quando ele entrou na sala meu coração parou. Eu estava tão nervosa e minha pele americana e clara começou a encher-se com manchas vermelhas por todo meu peito e rosto. Senti como se estivesse tendo um ataque cardíaco! Antes que ele pudesse dizer qualquer coisa, disparei rapidamente: "Senhor, eu realmente adoraria trabalhar aqui. Eu não tenho nada para mostrar, não tenho diploma e nenhuma referência de trabalho para apresentar, mas eu posso dizer que ensinei e cuidei de crianças a minha vida inteira. Amo estar perto de crianças e trabalho duro, sou muito dedicada. O senhor pode ter certeza de que, se me contratar, serei a melhor assistente que já teve e vou lhe provar isso!".

O senhor Michael apenas ficou de pé e com um sotaque muito inglês disse: "Ah, bem, querida, nunca contratei ninguém nessas condições, mas você pode começar amanhã?".

Naquele dia, cheguei em casa com lágrimas nos olhos e alegria na minha alma. Foi a primeira peça do quebra-cabeça que essa fase me apresentava. Esse quebra-cabeça dizia respeito a acreditar em mim novamente, ao amor-próprio, ao autoperdão e a vencer os demônios da minha mente.

Aquele primeiro dia de trabalho foi o início de um ano inteiro de tanta felicidade naquela escola. Consegui viver todos os dias a infância que nunca pude ter. Sempre me perguntei como teria sido poder ir à escola e agora estava tendo a oportunidade de viver meus sonhos e recuperar o que um dia me tiraram. Encontrei tanta satisfação em amar e cuidar daquelas crianças. Elas eram minha alegria, elas estavam seguras, para elas eu era uma heroína e tudo o que elas precisavam era do meu amor. Eu não tinha de ser alguém que não era, não precisava fazer nada para ser suficiente, eu era suficiente para elas. Logo fui chamada para uma reunião na escola em que me disseram que eu era um exemplo do que um assistente deveria ser. Meu coração se iluminou e foi quando descobri que eu tinha algo bonito para oferecer ao mundo, e talvez fosse ser professora.

ESSE QUEBRA-CABEÇA DIZIA RESPEITO A ACREDITAR EM MIM NOVAMENTE, AO AMOR-PRÓPRIO, AO AUTOPERDÃO E A VENCER OS DEMÔNIOS DA MINHA MENTE.

Poucos meses depois, comecei a trabalhar em outra escola, consegui alugar um pequeno apartamento e começar uma vida de independência. Sentada no chão do meu apartamento, olhei em volta e a alegria inundou meu coração porque esta era mais uma peça, e ela se chamava "Eu sou capaz". Eu me senti tão orgulhosa de mim mesma. Lembranças passaram na minha mente de todas as vezes que me disseram que nunca poderia fazer isso ou mesmo dos anos em que nunca imaginei que poderia ter uma vida própria, nem sequer estar viva. Lembrei-me dos anos em que tudo em mim era propriedade de David Berg e nos quais eu nunca poderia sonhar os meus próprios sonhos. Lembrei-me dos dias em que senti como se fosse viver e morrer naquela prisão. Olhe para mim agora! Eu estava finalmente livre! Livre para tomar minhas próprias decisões, livre para fazer algo da minha vida, livre para ser a autora da minha própria história. Era tão bom, mas tão bom, provar a mim mesma que isso era possível, não era fácil, mas possível!

Cada passo que dei na direção da minha independência me levou a mais um sonho que queria realizar. Agora eu queria tudo, tudo o que a vida pudesse me oferecer, eu queria!

Eu estava dando aulas particulares e correndo de ônibus por toda a cidade de São Paulo. Estava inquieta, não gostava de fins de semana ou dias de folga. Queria trabalhar e dar o meu melhor. Pegava de cinco a seis ônibus todos os dias, acordava às 5 da manhã e estava na cama apenas quando terminava de planejar o próximo dia de trabalho. Por causa das longas horas de trabalho e dos dias em que caminhava na chuva, tive pneumonia pela segunda vez naquele ano.

Sentada e esperando no consultório do médico, eu precisava encontrar uma solução melhor. Minha febre estava alta, e eu não podia me dar ao luxo de ficar doente novamente. Fui dizer à secretária que já estava esperando havia uma hora e perguntei quanto tempo demoraria para minha consulta. Ela olhou para mim e disse que provavelmente seria mais uma hora ou mais.

Decidi caminhar porque percebi que havia uma loja de carros ao lado do consultório. Sem pensar duas vezes, deixei o consultório médico e fui diretamente à loja de carros. Era tão emocionante pensar em ser capaz de dirigir. Para mim, parecia missão impossível. Talvez para você que está lendo este livro, dirigir seja quase tão normal quanto escovar os dentes, mas para mim, alguém que não poderia ter responsabilidade sobre a própria vida, ter um carro e conseguir dirigi-lo era a prova mais incrível de que finalmente era livre, responsável e capaz! Sentar dentro daquele Peugeot verde que cheirava a novo era um sonho que virou realidade. Prometi-me naquele momento que nada ia me parar! Se eu tivesse esse carro eu poderia conseguir muito mais e não precisaria estar sempre tão exausta e doente. Então, comprei esse carro naquele mesmo dia, sem um centavo sequer e provavelmente iria pagá-lo pelo resto da minha vida, mas eu estava mais feliz do que nunca. Ainda não sabia dirigir muito bem e estava morando em uma das cidades mais perigosas para dirigir, então liguei para uma amiga para que ela levasse meu novo carro para casa.

No dia seguinte comecei minhas aulas de direção e rapidamente consegui pegar o jeito. Sentindo o vento no meu rosto, eu dirigia pela cidade e tudo em que eu podia pensar era: "Eu consegui! Nada é impossível para mim!". Sentia-me tão orgulhosa de mim mesma.

Na primeira semana em que fiquei com o carro, um dia estava chegando em casa tarde depois de uma festa a que eu tinha ido com a minha irmã. Queria que ela voltasse para casa comigo porque estava me sentindo um pouco insegura de voltar sozinha, pois eu nunca tinha dirigido para casa tão tarde sem companhia, mas ela estava gostando tanto da festa que acabei indo sozinha mesmo, embora com a sensação de que algo ruim aconteceria.

Chegando ao portão do meu prédio estava tão aliviada de finalmente chegar. Minha garagem era muito íngreme, e eu sempre odiava ter de descer pela entrada. Eu vi o portão se abrindo e comecei a descer quando perdi completamente o controle do carro e ele correu pela garagem. Eu sabia que ali estava tudo acabado, minha vida passou pela minha mente em uma fração de segundo e a primeira reação que tive foi jogar o carro para a parede, pelo menos para não bater direto em uma pilastra que estava bem na minha direção. *Bang*! O carro foi esmagado na parede, que o impediu de cair garagem abaixo, mas com a batida forte, o gás começou a vazar pela parede como uma mangueira de água jorrando em todas as direções. Eu ouvi os gritos do lado de fora do carro, que me despertaram do meu estado de choque: "SAIA DO CARRO, VAI EXPLODIR!". Na verdade, não entendi o que estava acontecendo, mas consegui sair pela janela meio aberta. O porteiro do meu prédio estava gritando e ligando para todos os apartamentos pedindo que evacuassem o prédio porque o lugar poderia explodir a qualquer momento. Foi quando eu descobri que a parede em que bati era das instalações de distribuição de gás do prédio.

Todos desceram de pijama gritando e chorando perguntando o que acontecera. Por sorte, minha outra irmã estava no meu apartamento com um amigo que veio visitá-la e eles correram para ver o que acontecera. Quando viram que era meu carro, eles vieram me encontrar curvada no chão, chorando. Eu estava com tanto medo, não podia acreditar que deixara aquilo acontecer. Era como se todos os meus sonhos e tudo o que eu tentava construir com tanto esforço fosse derrubado no chão. Ouvi algumas crianças na rua começarem a chorar e a dizer: "Mamãe, nós vamos morrer?".

Comecei a gritar e correr novamente para o carro, queria morrer naquele carro. Eu não poderia viver com a ideia de que tinha cometido um erro que poderia tirar a vida de pessoas inocentes. Foi tudo culpa minha e eu queria pagar o preço. Minha irmã chamou a minha mãe e, por pior que me sentisse naquele momento, ter de enfrentar minha mãe e saber que ela veria o meu fracasso, era tão devastador quanto o próprio acidente. Senti-me tão envergonhada.

Minha mãe chegou e com ela os bombeiros e a polícia. Eles conseguiram impedir que o gás vazasse mais e perguntaram quem era responsável por aquilo. Era como se naquele momento todos tivessem parado para me olhar, tudo ficou escuro e havia apenas uma luz no meu rosto. Senti que todos estavam me julgando. O que eu tinha lutado com tanta garra para conseguir, tudo o que fiz para me encaixar e ser aceita, simplesmente se estilhaçou e queimou junto com meu carro naquele momento.

Para minha surpresa, porém, esse homem bem na minha frente não estava lá para me julgar. Nunca me esquecerei dos seus olhos castanhos e compreensivos enquanto falava comigo: "Dawn, você tem grandes anjos que estão cuidando de você, sabia disso?". Ele sorriu gentilmente, "Isso poderia ter sido um grande acidente e uma terrível explosão, mas felizmente o gás se dissipou rapidamente e agora ninguém corre risco. Dá para ver que você está aprendendo a dirigir, não se preocupe, querida, se quiser tentar descer a garagem novamente, eu posso ajudá-la", ele sorriu e me deu um abraço, acalmando meu coração disparado.

NUNCA ME ESQUECEREI DOS SEUS OLHOS CASTANHOS E COMPREENSIVOS ENQUANTO FALAVA COMIGO: "DAWN, VOCÊ TEM GRANDES ANJOS QUE ESTÃO CUIDANDO DE VOCÊ, SABIA DISSO?".

Não sabia o que fazer ou dizer, eu me sentia tão mal. Mas a presença desse homem fez com que as coisas se iluminassem um pouco, até que comecei a ouvir os sussurros ao meu redor. "Essa garota é tão irresponsável, provavelmente está bêbada."; "Sim, ela deveria estar presa por fazer uma coisa dessas."; "Ela fez isso de propósito, como alguém pode fazer algo tão estúpido?". Em algum momento, eu até ouvi as pessoas especulando sobre eu ser uma terrorista! A conversa continuou até que fizeram a polícia falar comigo para ter certeza de que eu seria punida pelo que eu fizera.

Eles me chamaram para falar com a polícia, e fui até lá completamente envergonhada explicar ao policial o que havia acontecido. Depois de alguns minutos me ouvindo, ele parou e com os olhos me fez sentir segura e compreendida. Era como se ele também tivesse se tornado meu anjo da guarda. Voltando-se para a multidão, ele começou a me defender: "Quem aqui nunca bateu o carro? Quem nunca cometeu um erro? Quem nunca foi jovem e às vezes fez coisas estúpidas?". Todos ficaram quietos, ele se virou para mim e disse: "Você pode subir ao seu apartamento e vou lidar com isso por você.".

Esperar no elevador até chegar ao meu andar pareceu uma vida. Tudo o que eu conseguia sentir era vergonha e culpa. Fiquei zangada e desapontada comigo mesma, e parecia que, não importava o que fizesse, essa mancha viveria dentro de mim para sempre. Por mais que eu tentasse melhorar as coisas e me refazer, algo aconteceria para me derrubar de novo. Era como se um momento de vergonha e culpa de repente roubasse anos de trabalho duro reconstruindo meu amor-próprio.

Chorei até dormir naquela noite e desejei que o dia nunca mais amanhecesse; mas, sim, sempre amanhece e com isso eu tinha de fazer uma escolha. Eu poderia deixar essa experiência me esmagar e roubar tudo o que tinha conseguido ou me recuperar, mais uma vez, então escolhi vencer. Eu perdi tantas vezes para a dor, e cada vez isso tirou algo de mim. Eu não queria continuar a perder. Lutei muito para trilhar este caminho.

"Eu já estou com dor, então por que não voltar, enfrentar essa dor e continuar lutando para alcançar minha liberdade interna. Ninguém e nada têm o poder de roubar o que eu realizei, e cheguei longe demais para parar agora." Saí da cama e fui até a garagem. Lá estava o meu carro dos sonhos, há apenas alguns dias fora da loja, agora completamente esmagado e feio. Esse carro parecia exatamente comigo, como eu me sentia, destruída...

Entrando no carro o cheiro de gás era tão forte que meu corpo inteiro começou a tremer ao relembrar de cada detalhe do acidente naquela noite. Eu precisava consertá-lo, precisava trabalhar e tudo o que eu de fato queria fazer era simplesmente desaparecer. Demorei trinta minutos para ligá-lo, o que uma vez foi o carro que amei agora era uma fonte de tanta dor e tanto medo.

Depois de ligar o carro, finalmente fui para a oficina. Durante as próximas duas semanas eu odiei dirigir. Chorava para ir trabalhar e para voltar. Às vezes gritava dentro do carro: "Eu quero voltar de ônibus, eu odeio carros, eu odeio carros!". Tudo o que eu queria era simplesmente sair daquele carro e voltar para onde estava confortável, mas eu sabia que, se eu deixasse a dor e o medo ganhar, eu os deixaria vencer em todas as áreas da minha vida.

Essa peça do quebra-cabeça não era tão bonita quanto a anterior, mas estava me ensinando que a vida não acontece pelas nossas regras e entrega o que você acha que merece ou não. A vida é mais como um jogo de pingue-pongue, ela vai jogar bolas para você rebater ou deixar cair e perder a chance de vencer. Vai lançar tantos desafios difíceis, e você só ganha quando aprende a se recuperar e rebater a bola. Os desafios e a dor nunca foram destinados a nos destruir, eles devem nos estimular e trazer à tona o melhor de cada um de nós. Naquele momento, entendi que, se eu não me recuperasse, acertasse a bola e voltasse ao jogo, eu culparia o jogo. Quando na verdade estava nas minhas mãos vencer ou perder.

A VIDA É MAIS COMO UM JOGO DE PINGUE-PONGUE, ELA VAI JOGAR BOLAS PARA VOCÊ REBATER OU DEIXAR CAIR E PERDER A CHANCE DE VENCER. VAI LANÇAR TANTOS DESAFIOS DIFÍCEIS, E VOCÊ SÓ GANHA QUANDO APRENDE A SE RECUPERAR E REBATER A BOLA.

Sim, eu já havia passado por muitas coisas, mas eu precisava entender que, ao longo do caminho, eu ainda cometeria muito mais erros e que, com a liberdade, vem muita responsabilidade. Esse era o mundo real, eu não estava mais protegida, eu estava fora do meu casulo e agora precisava aprender a sobreviver nessa nova realidade sem me encolher no meu mundo.

Precisava entender que, não importava o que as pessoas pensassem ou dissessem sobre mim, sempre seria a percepção delas, nunca a minha verdade. Elas não me conheciam, não conheciam a minha história, não enxergavam meu coração, então nunca poderiam me entender.

Vi também que quando enfrentei a minha vergonha, meu medo e minha dor, eles não desapareceram, mas, em vez disso, tornaram-se meus melhores amigos, as minhas forças, e me lembraram do que eu era feita. Eles me ajudaram a me defender e a tomar posse do que era meu. O amor e o valor que ninguém poderia tirar de mim.

Alguns meses depois, acabei me mudando desse prédio porque não suportei ser julgada nos elevadores e nos corredores. Antes de sair, porém, enviei a todos uma carta.

São Paulo, 27 de outubro de 2011.

Caros Condôminos,

Gostaria de, por meio desta carta, desculpar-me formalmente pelo transtorno e risco de vida ***real*** *que causei a todos nós, moradores. Sei que me desculpar por carta está longe de ser o suficiente para repor todos os danos físicos e emocionais, que, sem ter a menor intenção, acabei causando.*

Há duas semanas, vivia um dos dias mais importantes de minha vida, quando com muito empenho, esforço e trabalho, finalmente, consegui comprar meu primeiro carro.

Naquele fim de semana, em que ocorreu esse acidente tão horrível, foi o primeiro em que finalmente decidi andar por São Paulo, justamente aproveitando que no fim de semana o trânsito é melhor e com ruas mais calmas... Dirigi bem no sábado e no domingo, eu me senti segura.

Quando ocorreu o acidente estava justamente chegando em casa com a sensação de felicidade por ter conseguido ir e vir com segurança. No entanto, ao entrar na rampa da nossa garagem e perceber que o carro descia sem eu conseguir frear, eu me apavorei (confesso) e, tentando minimizar um perigo maior, virei a direção para a parede num ato imediato.

Jamais imaginei que, ao fazer isso, em vez de apenas EU ter um prejuízo, estava fazendo justamente o contrário, colocando não apenas a minha vida em risco, mas a de todos nós...

Ao ver o gás escapando, a gritaria, o desespero em que coloquei a vida de todos, apenas chorei e pedi a Deus que não permitisse que nada de mais grave acontecesse. Acreditem, ou não, mas de coração, confesso, nunca mais esquecerei o choro das crianças assustadas e as pessoas me acusando de louca, assassina, delinquente, irresponsável e até mesmo: suicida!

Por Deus, jamais cometeria uma insanidade dessas...

Enfim, agora estou me empenhando intensamente em reparar os danos físicos que causei, já que os possíveis danos emocionais infelizmente não serei capaz de sanar. Por esses apenas me culpo e tento aqui, de verdade, pedir o perdão de vocês, mesmo sabendo, pelo que vivi aqui, que não será possível e compreendo.

*Essa experiência está me trazendo muita aprendizagem sobre o **ser humano**. Nossas fragilidades, nossos erros, nossas culpas, nossa humildade, mas, principalmente, nossa capacidade e/ou incapacidade de amar ao próximo como a nós mesmos.*

No momento, apenas penso em poder pagar pelo que fiz e precisava por esta via expressar minha tristeza, desconforto, mas também tentar explicar a todos o que aconteceu, pois no dia não pude nem consegui.

Obrigada a todos que despenderam um pouco do seu tempo para ler estas linhas que apenas tentam esclarecer o que ocorreu, e fiz isso porque acho que seria o mínimo de respeito e consideração éticos a todos vocês que moram aqui.

Dawn Watson

Meses depois voltei para visitar o apartamento e fui a um salão nas proximidades para fazer minhas unhas. Quando me sentei lá, escutei algumas das mulheres falando sobre um terrível acidente que acontecera havia apenas alguns meses. Elas se viraram para mim e questionaram se eu tinha ouvido algo sobre isso, olhei para elas me perguntando do que realmente estavam falando. Ao ver que não estava entendendo a sua pergunta, a senhora começou a me falar sobre o acidente dessa jovem suicida que tentou matar a si e ao resto das pessoas no prédio, deixando cair seu carro no sistema de gás.

Elas disseram: "Eu me pergunto o que aconteceu com aquela garota.". Eu sorri e olhei para elas, "Aquela garota", sussurrei, "está aprendendo que, não importa o que faça, sempre haverá gente que a julgará e não importa sua raça, cultura ou religião, enquanto formos humanos. Enquanto nós apenas olharmos para os outros através da janela de nossa própria dor, enquanto julgarmos os outros, como nós nos julgamos, nunca entenderemos e veremos as pessoas pela verdade delas. Essa garota está aprendendo a viver e amar a si mesma independentemente dos outros, e ela finalmente está entendendo o que a verdadeira liberdade significa, e essa garota sou eu. E se vocês realmente querem saber minha história, perguntem-me e eu ficarei feliz em dizer como venci o trauma terrível desse acidente que pareceu um pesadelo, mas acabou sendo um dos meus maiores mestres.".

Dirigindo de volta para minha casa naquele dia meu coração estava calmo. Eu sabia que a vida me jogara mais uma prova e estava tão feliz que consegui passar, aprender com isso e conquistar mais um dos passos para a minha viagem de volta ao meu lar.

A PEÇA DO QUEBRA-CABEÇA CHAMADA SEXUALIDADE: O MOMENTO DE ME CURAR

Minha vida agora estava tomando tantos caminhos diferentes, eu tinha começado uma bela jornada para me encontrar e alcançar coisas que eu pensava que nunca seria capaz de ter. Agora dava aula por longas horas, tendo a oportunidade de conhecer famílias e crianças maravilhosas, ganhando dinheiro, podendo ajudar minha mãe e me sentindo forte e feliz. Eu estava provando que todas as crenças limitantes sobre mim mesma estavam erradas. Desejava que as pessoas que haviam me olhado tão por cima pudessem ver o que eu tinha feito. E um dos meus maiores medos e arrependimentos, nunca ter tido a oportunidade de estudar quando era criança, também estava entrando na minha lista de coisas que conquistei. Eu estava agora na universidade, estudando Psicologia e recebendo algumas das melhores notas da minha classe. Eu sabia que tinha de estudar cinco vezes mais do que qualquer outra pessoa, porque era como se eu estivesse aprendendo absolutamente tudo pela primeira vez. Entretanto, essa dor, de não ser suficiente, ser estúpida, sentir-me como um alienígena na sociedade, tornou-se minha força e isso me ajudou a me esforçar cada vez mais, não importava quão perdida e assustada eu me sentisse.

Eu tinha conseguido! Eu me tornei "normal" aos olhos das pessoas ao meu redor. Finalmente me encaixei. Ninguém me olhava de um jeito estranho, ninguém perguntava muito sobre mim, exceto por meu sotaque e como eu não queria entrar em *toda* a história, apenas dizia que nasci nos Estados Unidos. Isso simplificava as coisas.

Pela primeira vez na minha vida eu só queria me fechar para o mundo externo, ser tão camuflada quanto eu pudesse ser e trabalhar em me melhorar. Eu sabia que havia uma área da minha vida que precisava ser curada, eu precisava tanto curá-la. Contudo, era uma área que passei anos escondendo das pessoas, nem mesmo Júlio, em quem eu confiava tanto, pôde entrar, eu não deixei que ele me ajudasse.

Eu sabia que não poderia ser alguém de fora para me ajudar, tinha de ser eu mesma. Havia uma dor que eu precisava liberar de dentro de mim, porque ainda doía. Parecia, porém, ser a mais difícil de curar. Na minha vida sexual parecia haver um lugar tão quebrado dentro de mim, tão ferido, tão danificado que precisava de um milagre para mudar. Como se eu não tivesse controle sobre isso e precisasse de alguém para me ajudar. Ao mesmo tempo, porém, eu sabia que pessoas muito especiais entraram na minha vida para me fortalecer, então eu poderia fazer o trabalho emocional para me curar.

AO MESMO TEMPO, PORÉM, EU SABIA QUE PESSOAS MUITO ESPECIAIS ENTRARAM NA MINHA VIDA PARA ME FORTALECER, ENTÃO EU PODERIA FAZER O TRABALHO EMOCIONAL PARA ME CURAR.

Fazia muito tempo desde que eu tivera qualquer tipo de relacionamento, de fato, precisava me abrir novamente, eu sonhava em um dia ter uma família, confiaria em um homem e desfrutaria os prazeres da vida. Era fascinada pelas mulheres que estavam tão confortáveis com a sua sexualidade. E sabia que julgá-las não mudaria quanto eu me sentia presa na minha própria pele.

A primeira coisa que eu precisava fazer era começar a minha jornada para curar a dor que eu sabia que fizera os outros sentirem, e ela estava muito ligada a todo o meu trauma sexual.

Eu precisava entender que minhas sombras não me transformavam em um monstro, era só porque havia tanta dor dentro de mim que ela transbordava para as pessoas que me rodeavam e, especificamente, sobre uma alma pobre e inocente.

Minhas memórias sempre me levavam de volta aos momentos de profunda, profunda vergonha e tristeza. Para os momentos em que minha dor tocou uma alma inocente, a memória que eu mais odiava, a dor que eu vivi uma vez, de vítima eu me tornei agressora e agora tinha de conviver com os pesos da dor que eu havia sofrido e da dor que eu havia causado aos outros.

Odiava o que fizeram comigo, porque eu também tinha feito isso. O abuso que vivi, agora eu o tinha repassado. Eu era criança, mas o menino também era. Sendo uma criança naquele momento, ele realmente não entendia o que estava acontecendo, mas eu entendi. E o pior de tudo, foi a primeira vez que senti prazer.

Toda vez que essas memórias voltavam meu corpo caía em estado de destruição. Começava a me bater. Sentia nojo do meu corpo e da minha sexualidade. Eu não poderia me perdoar por ter feito tal coisa e, ao mesmo tempo, eu me odiava por ter sentido prazer naquilo. Eu tomava banho no escuro para não ver meu corpo, nunca tinha olhado para mim mesma nua, vivia envergonhada da possibilidade de compartilhar meu segredo, e a sombra que vivia dentro de mim começou a envenenar todos os aspectos da minha vida.

Misturada em mil nós e emoções, eu sabia que era hora de lidar com essas sombras. Era hora de reconhecer a minha ação e aprender com isso. Não havia nada que eu pudesse fazer para voltar atrás e consertar; a única coisa sobre a qual eu tinha poder agora era meu presente. Para me perdoar, eu precisava primeiro correr o risco de dizer que sentia muito. Eu não tinha ideia do que viria disso, eu sabia que o meu "pesar" nunca apagaria o que eu fizera. No entanto, eu pensei, e se uma das pessoas que me machucou voltasse e realmente reconhecesse o que fez e pedisse perdão? Eu pensei por um momento e então respirei fundo, seria tão bom. Eu sabia o que eu tinha de fazer, então comecei a escrever.

Eu escrevi e escrevi até que meu coração se tornou menos pesado e era como se eu pudesse respirar novamente, cada palavra que tocou o papel ganhou vida e meu coração se sentiu livre novamente. Meu pedido de desculpas veio de um lugar profundo dentro de mim, o reconhecimento da minha escuridão, mas sem me desconsiderar. Ele veio de um lugar de amor e compreensão tanto para mim como para a pessoa que eu tinha machucado. Eu não estava esperando nada em troca, tudo o que eu queria era parar o ciclo de dor em mim, e a única maneira pela qual eu conseguiria fazê-lo era colocar luz sobre o que escondi por tanto tempo.

EU ESCREVI E ESCREVI ATÉ QUE MEU CORAÇÃO SE TORNOU MENOS PESADO E ERA COMO SE EU PUDESSE RESPIRAR NOVAMENTE, CADA PALAVRA QUE TOCOU O PAPEL GANHOU VIDA E MEU CORAÇÃO SE SENTIU LIVRE NOVAMENTE.

Eu sabia que a única forma de começar meu processo de cura era me libertar da vergonha e, ao fazê-lo, libertei aqueles que também deixaram uma mancha em mim. Como eu me perdoei, também procurei um nível mais profundo de perdão para aqueles que me feriram.

E para minha surpresa, recebi a resposta mais incrível desse menino.

Eu não pude conter minhas lágrimas enquanto lia as palavras dessa linda alma.

Querida Dawn,

Sol, é muito bom poder falar com você...

No fundo do meu coração, agora, nem sei o que dizer para você, a verdade é que não importa, tudo o que aconteceu no passado, eu vejo que ficou no passado mesmo.

Eu vejo na minha vida várias coisas que o Senhor fez, várias mudanças, em muitas coisas Deus teve de pôr sua mão e até quebrar para que fosse mudado. Olha, eu posso lhe dizer que eu tenho, sim, algumas dificuldades na minha vida e há muito em que o Senhor ainda tem a trabalhar, desde já agradeço por seu pedido de perdão, que é algo que eu jamais imaginaria que você sequer pensasse em fazer.

Digo que, sinceramente no meu coração, eu não tenho nenhuma mágoa de você, tudo o que aconteceu na minha vida eu vejo como uma bênção disfarçada, vejo que, mesmo sendo doloroso, Deus usou aquelas específicas ocasiões em que coisas ruins pareciam ocorrer na minha vida, mas no fim entendo que havia um sentido nisso tudo.

Sol, muito obrigado por permitir isso, poder ter essa liberdade nesse assunto que na época foi difícil para mim, mas agradeço, porque hoje eu consigo parar e analisar friamente o motivo de certas coisas terem acontecido na minha vida e agradecer, pois, até os dias de hoje, o Senhor nunca me deixou...

Sou jovem ainda, tenho o mundo pela frente, espero, sim, poder contar com você e se precisar eu também estou à disposição. Deus tem feito tantas coisas na minha vida, não há motivo para manter minhas alegrias guardadas só para mim.

Que Jesus te ilumine cada vez mais, Sol, que, da mesma forma que você foi uma tremenda bênção para mim, continue sendo uma grande bênção para os outros, pois sei que o Senhor tem muito a lhe usar.

Peço que não fique se torturando pelas suas memórias do passado, pois ficaram, eu creio, no passado, então não tem por que ficar se atormentando por causa delas.

"Se alguém está em Cristo, nova criatura é; as coisas velhas já passaram; eis que tudo se fez novo" (2 Coríntios 5:17).

Esse menino de 17 anos me libertou. E se ele fez isso, então era minha responsabilidade agora me libertar e me curar para que nenhuma outra alma pudesse sentir as consequências da dor que eu estava gerando por dentro. O amor me fez entender o que significava ser humano, o amor me mostrou que, não importava o que eu pudesse fazer, nunca me seria tirado aquele presente de dignidade com o qual nasci. O amor me libertou, tirou a sentença que me impus de uma vida de culpa e vergonha. O amor me deu uma chance de escrever uma nova história, amar novamente, da maneira que sempre sonhei.

Como vemos aqui, o caminho para a nossa cura é entender que, quando a dor ainda está presa dentro de nós, é realmente difícil começar uma jornada para amar, aceitar e perdoar os outros, se você ainda não iniciou esse processo internamente.

COMO VEMOS AQUI, O CAMINHO PARA A NOSSA CURA É ENTENDER QUE, QUANDO A DOR AINDA ESTÁ PRESA DENTRO DE NÓS, É REALMENTE DIFÍCIL COMEÇAR UMA JORNADA PARA AMAR, ACEITAR E PERDOAR OS OUTROS, SE VOCÊ AINDA NÃO INICIOU ESSE PROCESSO INTERNAMENTE.

Ficamos tão envergonhados com as coisas que fizemos e pela dor que geramos na vida daqueles que atravessaram nossos caminhos, que escondemos esses segredos no porão e vivemos uma vida tentando evitá-los. E pedimos a Deus que nos livre de que alguém os veja. Contudo, a verdade é que a vergonha só pode ganhar quando deixamos que as mentiras governem nossa vida. E, com essas mentiras, os venenos, como o julgamento e a superioridade, prevalecem. Esquecemos o que significa ser humano e esquecemos que somos **todos** humanos. Todos fomos machucados por alguém e todos ferimos alguém. Todos temos nossas sombras, nossos segredos e coisas das quais não nos orgulhamos. Isso, porém, não nos torna monstros, não nos torna melhores nem piores, só nos torna **humanos**!

E quando aprendemos a aceitar nossa condição de humanos e a trabalhar na evolução de nossa alma, a luz que também vive dentro de nós aprenderá a abraçar e aceitar o mundo em que vivemos, as pessoas que atravessam nossos caminhos e as sombras que nos ensinam.

Todos nós já fomos vítimas e também agressores. Mesmo que pensemos: "Ah, eu nunca seria capaz de machucar alguém ou abusar de uma pessoa.", isso não exclui o fato de que em nossa mente estamos constantemente machucando e abusando pela maneira com que julgamos. Talvez você nunca tenha machucado fisicamente alguém, mas, às vezes, as palavras que vêm de pensamentos destrutivos podem matar.

Um assassino não é apenas alguém que tira a vida de outra pessoa, é alguém que danifica a alma dessa pessoa, quebra seu coração e a mata apenas com um pensamento.

Se queremos brincar de ser juízes, temos de enfrentar o fato de que todos somos culpados em algum ponto e em alguma área de nossa vida.

No entanto, a boa notícia é que não recebemos esse emprego. Esse nunca foi nosso propósito. Recebemos o presente do amor incondicional, independentemente do que possamos fazer nesta forma humana, sempre seremos dignos de amor e aceitação. Quando tentamos ferir nosso corpo, o que acontece? Ele encontra um modo de se curar, não importa o que você tenha feito. Recebemos o dom da graça, mas escolhemos a vida sob regras estritas que são impossíveis de seguir. Portanto, estamos constantemente vivendo sob um julgamento tão pesado de nós mesmos e dos outros.

Convido você para o caminho que tomei de aceitação e amor. Eu tinha tudo para culpar os outros e a mim mesma. Tinha tudo para viver uma vida sob o peso da vergonha e da culpa, mas escolhi o amor, deram-me amor... o que você escolherá?

TINHA TUDO PARA VIVER UMA VIDA SOB O PESO DA VERGONHA E DA CULPA, MAS ESCOLHI O AMOR, DERAM-ME AMOR... O QUE VOCÊ ESCOLHERÁ?

Tome um momento agora e pense nas coisas que você rejeita em si mesmo, as sombras que lhe causaram muita culpa e vergonha. Pense em todas as pessoas que você magoou e na dor que você tem gerado dentro de seu coração, sua mente e que agora afeta seu corpo.

E, então, pense em toda a sua luz, em todo o amor que está armazenado dentro de você. Em todas as pessoas que você ama, em toda alegria e diversão que você também deu às outras pessoas. Pense nos momentos em que você riu até chorar, e naqueles em que você dançou tanto que quase caiu. Respire e sinta amor, sinta a vida em cada batida do seu coração, no vento, nos belos pores do sol e nos pássaros cantando. Essa é a vida, não é tão bom?

É um presente que não pede nada em troca. Só quer nutrir e proteger você. É amor, todas as células do seu corpo funcionam dia e noite para que você possa experimentar a vida. Não pedem nada em troca.

Tome um momento para agradecer à vida, grato pela luz que vive dentro de você, e também consciente da escuridão. Não a rejeite, não a esconda nem tenha vergonha dela. Aceite quem você é em toda a sua luz e em toda a sua escuridão. Aprenda e leve algo bonito de todas as suas experiências, algo pelo que valha a pena viver, algo que o faça se lembrar de suas limitações, mas também de sua grandeza. Sinta o que significa ser humano. Não estamos numa jornada para a perfeição, estamos numa jornada de aceitação.

Convido você agora a ouvir uma meditação sobre aceitação. Basta acessar: http://ressignificandoador.com/audiosgratuitos/

CAPÍTULO 10

meu encontro com o destino

Eram cerca de 3 da manhã e ainda estávamos conversando no *lobby* do hotel. Tinha acabado de conhecer esse homem incrivelmente interessante. Passamos a noite falando sobre a vida e as coisas que realmente importavam. Não era comum encontrar alguém como ele. Sua profundidade me intrigou e eu me senti segura ao seu lado. Como se ele pudesse ser o único em quem eu confiasse para me ver verdadeiramente no momento em que eu estava. Falei por horas sobre minha jornada e minha vida. Ele foi uma das primeiras pessoas com quem realmente falei sobre as coisas pelas quais estava passando.

Ele me pediu para procurar um cara chamado Tony Robbins. Mencionou como toda a jornada pela qual eu tinha passado era muito parecida com a das pessoas que Tony ajuda a superar.

Eu nunca tinha ouvido falar dele antes, então, assim que voltei para casa, comecei a pesquisar sobre ele e assisti a todos os vídeos que pude encontrar no YouTube. Fiquei hipnotizada. Tudo o que vi a respeito dele era suficiente para me fazer rejeitá-lo, afinal, convivi com personalidades fortes durante toda a minha vida, não estava pronta para me comprometer com nenhum tipo de guru ou coisas de autoajuda. A linguagem dele, porém, era a linguagem da minha alma. Como ele poderia saber disso? Como eu poderia saber disso?

Nunca estive exposta a esse tipo de coisa na comunidade e quando a deixei a última coisa que queria era me juntar a qualquer outro tipo de grupo. Nunca havia lido nenhum livro de autoajuda ou ido a nenhum tipo de evento ou palestra. No entanto, reconheci ali uma linguagem de alma. Eu sabia que precisava falar com ele. Algo me atraiu para ele, e eu sabia que, de alguma forma, ele poderia me ajudar a descobrir o que a vida queria de mim, o que eu tinha de fazer e como eu poderia ajudar.

Meu silêncio estava me matando...

Entrei em contato com as pessoas que vendiam os ingressos para as atividades dele e pedi pelo evento em que Tony estivesse mais presente para que eu pudesse ter uma chance maior de falar com ele.

Foram muitos telefonemas e e-mails, e eu não tinha ideia de como chegaria a esse evento. Era bastante caro e eu não tinha o dinheiro naquele momento. Fiz ligações tentando obter um empréstimo com amigos, mas nada. Precisei tomar uma decisão que me custaria tudo.

De pé na minha sala de estar, olhei em volta para o apartamento que com muito trabalho eu tinha decorado e preenchido com os móveis dos meus sonhos. Um dia, esse apartamento foi o lar dos meus sonhos e agora estava pronta para me livrar de tudo. Eu sabia que se deixasse o apartamento e vendesse tudo o que tinha eu teria dinheiro suficiente para comprar meu ingresso.

Naquele momento, no fundo do meu casulo, a única coisa que realmente era importante para mim era me libertar de tudo o que tinha sido, de tudo o que não me servia mais. Eu sabia que a vida queria mais, eu não sabia o que aconteceria, por que eu tinha esse desejo profundo, tudo o que sabia era que eu precisava dar tudo de mim. Saltar sem olhar e confiar que no meu caminho, no meu mergulho, a vida estaria esperando para me segurar.

EU SABIA QUE A VIDA QUERIA MAIS,
EU NÃO SABIA O QUE ACONTECERIA,
POR QUE EU TINHA ESSE DESEJO PROFUNDO,
TUDO O QUE SABIA ERA QUE EU PRECISAVA DAR
TUDO DE MIM. SALTAR SEM OLHAR E CONFIAR
QUE NO MEU CAMINHO, NO MEU MERGULHO,
A VIDA ESTARIA ESPERANDO PARA ME SEGURAR.

Então, finalmente, deixei meu apartamento, vendi tudo o que tinha e comprei um bilhete para o Date with Destiny, um dos maiores eventos de Tony Robbins nos Estados Unidos. Eu acho que essa data era a que eu estava aguardando havia muito tempo e algo em mim simplesmente sabia que tudo mudaria, e eu precisava estar pronta para isso.

Muitas pessoas achavam que eu estava louca. Ninguém conseguia entender o que realmente estava acontecendo. Eles achavam que eu era uma fã maluca. A verdade era que eu nem sabia o que realmente era esse evento, não sabia responder quase nada do questionário e não sabia quase nada sobre Tony Robbins.

Tudo o que sabia era que algo estava me chamando, e eu precisava seguir sua voz.

Depois de muitas horas no avião, encontrei algumas pessoas no aeroporto e nos dirigimos ao local onde o evento aconteceria. As meninas no carro eram muito legais e eram grandes fãs de Tony, elas falaram sobre ele desde o início até o fim da nossa viagem ao hotel. Chegando lá, pude ver pessoas saindo de todos os lugares, eu não tinha ideia de que era um evento tão grande.

Havia pessoas de todo o país com largo sorriso no rosto cumprimentando a todos que passavam. Isso, de algum modo, levou-me de volta aos eventos que fazíamos nas comunidades em que vivi.

A emoção estava no ar! Ajeitando-se no quarto, as meninas me perguntaram por que eu tinha ido, e eu respondi: "Bem, eu preciso falar com Tony.". Elas riram e sorriram para mim, "Sim, garota, milhares de pessoas estão aqui querendo falar com Tony. É quase impossível, mas se você pagar 500 dólares para nossa instituição de caridade, você pode tirar uma foto com ele.".

Meu coração foi ao chão, eu não queria uma foto com ele, precisava realmente me conectar com ele. No entanto, eu estava percebendo quão famoso ele era e que minha tarefa seria quase impossível.

Nunca vou me esquecer de como foi estar naquela sala cheia de pessoas de todo o mundo aplaudindo e dançando enquanto esperávamos que Tony entrasse no palco. Eu estava na minha cadeira entrando na vibração de todas essas pessoas quando Tony entrou.

Era o sentimento mais estranho que eu já havia experimentado. Meus olhos se encheram de lágrimas e não consegui conter a emoção que preencheu minha alma.

Era como se estivesse vendo pela primeira vez, depois de anos, um amado amigo, um pai, uma alma. Parecia que estava no meu lar...

Não consegui conter as lágrimas enquanto continuavam a cair. Era como se a presença dele estivesse me libertando. Estava me dando permissão para finalmente viver na minha verdade. Eu sabia que ele poderia me ver, sabia que ele me ouviria.

Alguns dias se passaram, e eu estava ansiosa e preocupada se poderia encontrá-lo. Sempre acabava sentada nos últimos lugares e minha esperança começava a se esvair. Eu era uma confusão emocional, como se a bomba dentro de mim estivesse prestes a explodir e eu não soubesse o que fazer. Tinha febre alta todas as noites, não podia dançar, cantar nem mesmo fazer nenhum dos exercícios. Havia apenas uma coisa na minha mente: eu preciso tirar tudo isso de dentro de mim!

Algumas pessoas vinham até mim e diziam: "Garota, você precisa sorrir mais, por que você parece tão tensa?". Eu não estava com vontade de bater *high-fives* nem mesmo de sorrir. Eu estava no meio de uma confusão, e meu corpo também.

ERA COMO SE A PRESENÇA DELE ESTIVESSE ME LIBERTANDO. ESTAVA ME DANDO PERMISSÃO PARA FINALMENTE VIVER NA MINHA VERDADE. EU SABIA QUE ELE PODERIA ME VER, SABIA QUE ELE ME OUVIRIA.

No dia seguinte, quando cheguei ao *lobby*, algumas pessoas que estavam no meu time me perguntaram como eu estava me sentindo e eu expliquei que estava realmente doente. Mais tarde, comecei a ouvir sussurros entre eles, e sabia que estavam falando de mim.

Logo o médico me chamou num canto e disse que meus colegas de equipe estavam preocupados que eu tivesse algo contagioso e que talvez eu não devesse participar do evento. "Por que você não vem no próximo ano?", disse o médico.

Meu rosto começou a pegar fogo. Eu não podia vir nem mesmo em um. Tudo o que consegui fazer foi colocar minhas mãos no rosto e começar a chorar. "Você não sabe quanto me custou estar aqui", eu disse, banhada em lágrimas.

Eu passei as duas horas seguintes apenas chorando para os monitores que estavam cuidando de minha equipe, dizendo-lhes quão importante estar nesse evento era para mim e que eu estava me sentindo super-rejeitada. Nesse ponto, eu não queria fazer parte de nenhuma equipe, porque me sentia rejeitada e julgada. Eu sabia que meu corpo tinha ficado doente porque minha alma estava doente. Alguma coisa precisava sair.

Os monitores que cuidaram de mim foram muito gentis e me acompanharam até o hospital para ter certeza de que eu estava bem para continuar a participar do evento. Quando entrei no quarto do hospital, olhei para o médico e disse: "Senhor, eu sei que não tenho nada de contagioso, meu corpo está doendo e fiquei doente porque estou machucada por dentro. Custou-me tanto estar aqui, por favor, deixe-me ficar neste evento".

O médico olhou para mim e sorriu, era como se ele soubesse de tudo e continuou a escrever um atestado de que eu estava completamente apta para participar da conferência.

Finalmente, eu estava de volta ao quarto. Esgotada e frustrada, se algo não acontecesse naquele dia, estava determinada a desistir e ficar no meu quarto. Eu estava tão mal com toda a situação, a última coisa que queria era ficar circulando com uma equipe em que me sentia rejeitada.

Eis que uma janela de esperança se abriu quando Tony chamou...

E simples assim, levantei-me e enfrentei-o e à minha própria vida. A bomba explodiu dentro de mim e não consegui acreditar no que estava saindo da minha boca.

Anos de dor, anos de silêncio, agora estavam encontrando um caminho de volta à superfície, uma saída, eu lhes dei uma voz e, de repente, encontraram asas para voar. Naquele momento, não havia vergonha, naquele momento não havia medo. Tudo o que eu podia ver estava profundamente dentro dos olhos dessa alma, desse ser humano à minha frente. Eu sabia que com o pouco que eu consegui expressar ele viu tudo. Ele viu e sentiu tudo o que eu não conseguia dizer, ele me viu e ele viu além de mim.

Encontrei o meu lar, era como voltar para casa depois de passar uma vida perdida.

Era como se eu estivesse soltando pesos que pareciam me consumir de um modo que eu não acho que alguém já tivesse entendido, mas ele entendeu.

Naquele momento o mundo parou e tudo o que pude ver era amor em todos os olhos, em cada lágrima, em cada sorriso. Eu nunca tinha visto essas pessoas antes, nunca falara com elas e, de repente, todos nos tornamos uma família. A magia aconteceu naquela sala, naquele dia, pela primeira vez na minha vida, vi uma sala cheia de seres humanos limitados tornando-se almas poderosas, cheias de tanto amor, que era quase impossível não sentir. Pessoas de todos os países, todas as culturas e religiões e, no entanto, ninguém ficou constrangido, não havia nem um traço de julgamento ou dúvida.

Esse lugar seguro, cheio de amor, trouxe-me de volta à vida, lembrou-me de que eu era feita e que minha história importava. Que eu importava. Foi tão bom me sentir vista. Era tão bom não precisar mais viver sob mentiras ou segredos. Depois de todos esses anos em uma eterna busca de liberdade, finalmente encontrei a sua plena expressão. Eu tinha conquistado isso em muitas áreas da minha vida, mas faltava essa peça, e essa peça estava precisando e implorando para sair.

ESSE LUGAR SEGURO, CHEIO DE AMOR, TROUXE-ME DE VOLTA À VIDA, LEMBROU-ME DE QUE EU ERA FEITA E QUE MINHA HISTÓRIA IMPORTAVA. QUE EU IMPORTAVA. FOI TÃO BOM ME SENTIR VISTA.

A liberdade era tão boa! Nenhuma palavra poderia expressar como me senti naquele dia, tudo o que eu poderia dizer é que naquele momento encontrei minhas asas novamente. Eu entendi que não havia nada que eu precisasse fazer para ajudar os outros e a mim mesma. Que o presente maior e mais poderoso que eu poderia dar a qualquer um, incluindo a mim mesma, seria a minha verdade. Ao viver em um lugar de vulnerabilidade e liberdade, eu poderia liberar automaticamente os outros para viver as deles. E quando podemos viver nesse espaço, nada pode bloqueá-lo novamente. Não há limite para a alegria e o amor que você pode experimentar!

Cartas, cartões, abraços, ursinhos e dinheiro foram entregues a mim por milhares de pessoas no evento. Eles continuaram vindo e, com cada abraço e com cada sorriso, seguiram as palavras das quais nunca me esquecerei. "Dawn, obrigado por viver em sua verdade, você me ajudou a viver na minha verdade e hoje eu escolho deixar toda a dor ir, hoje eu escolho o amor".

Lar... um lugar onde o amor vive, um lugar onde a verdade mora e a família se torna a pessoa que se encontra ao seu lado, a alma que vê você como você realmente é.

Então, mais uma vez, o casulo começou a se quebrar e uma nova fase estava começando. Era como se a vida estivesse começando a assumir uma forma tão bonita, uma que eu nunca experimentara antes. Eu sabia que algo bastante incrível tinha acabado de acontecer que mudaria minha vida para sempre. Meus dias de tristeza no escuro chegaram ao fim, e eu estava cada vez mais perto da expressão plena da minha alma. Eu podia sentir o propósito de uma forma como nunca sentira antes. Mesmo que eu não tivesse ideia do que aconteceria a seguir, o que a vida me apresentaria, tudo o que eu sabia era que nunca estivera tão perto da liberdade, do meu lar, de mim.

No avião de volta para o Brasil não pude tirar o sorriso que parecia iluminar todo o meu rosto. O amor nos olhos de cada pessoa naquele evento ficou preso em minhas lembranças como cola.

MESMO QUE EU NÃO TIVESSE IDEIA
DO QUE ACONTECERIA A SEGUIR, O QUE A VIDA
ME APRESENTARIA, TUDO O QUE EU SABIA
ERA QUE NUNCA ESTIVERA TÃO PERTO DA LIBERDADE,
DO MEU LAR, DE MIM.

Muitas pessoas me perguntaram como minha vida ficou depois desse momento, e eu sempre tive dificuldade em responder a essa pergunta, porque tanta coisa aconteceu desde aquele dia. Era uma mistura de amor, medo, choque, alegria, decepção e confusão.

Todas eram emoções importantes que precisavam existir na minha vida para o crescimento e a evolução exigidos de mim, mas não diria que foi uma fase fácil e tranquila.

Veja, ainda havia uma lição muito importante que eu precisava aprender para alcançar plenamente a compreensão do meu papel nessa nova fase.

Muitos que assistiram ao documentário provavelmente pensaram: "Ah, uau, depois desse momento, a vida de Dawn não teve mais lutas, ela foi salva por um cavaleiro montado em um cavalo branco e agora sua vida é só alegria e sucesso.".

Todos nós vivemos, às vezes, em um mundo de fantasia onde desejamos que realmente essas pessoas possam nos salvar, tirar toda a nossa dor e nos levar flutuando. Projetamos isso nas pessoas que chamamos de "Gurus", projetamos isso em Deus e ficamos bravos quando percebemos que as coisas realmente não estão indo como queríamos ou esperávamos.

Fui ao Date with Destiny sem expectativas e saí dele com todas as expectativas que você pode imaginar.

Agora eu tinha três tios que cuidariam de mim, olhariam por mim, eu tinha Tony como padrinho e todo o material para estudar e aprender todas as habilidades para ajudar as pessoas como sempre sonhei.

No entanto, com o passar dos meses, as coisas começaram a tomar estradas diferentes e todas as minhas expectativas começaram a cair uma a uma. Eu recebi a notícia de que o evento fora filmado para um documentário que iria ao ar em todo o mundo.

Eu quase não tinha mais conexão com meus tios e com Tony, senti-me assustada e preocupada com o que aconteceria quando o mundo visse esse momento de pura vulnerabilidade. Parecia que, por mais que eu me preparasse para esse momento de exposição, nada poderia minimizar os julgamentos que eu sofreria.

Parecia que tudo estava saindo pela culatra. Eu tinha ido lá procurar ajuda para mim e para os meus entes queridos, e agora eu sabia que isso causaria um impacto tão grande nas pessoas que eu amava, para as pessoas que também moravam na comunidade em que vivi. O mundo ia ouvir sobre essa comunidade apenas através dos olhos da minha dor. Eu sabia que a comunidade não era feita de monstros, sabia que havia muitas coisas bonitas e boas nela, mas o que seria exposto ao mundo seria somente a dor, a escuridão, sem reconhecer a luz também.

Você percebe, eu finalmente tinha conseguido percorrer meu processo de perdoar, compreender e reconhecer tudo o que vivi, mas agora a vida estava me dando um teste para ver se eu estava pronta para compartilhar isso com o mundo.

Aconteceu como eu esperava, o documentário foi lançado e as mensagens e os telefonemas começaram a aparecer como ondas quebrando na costa. Eles vieram de todos os lugares que se possa imaginar, de mensagens bonitas de pessoas que sentiram meu coração e se abriram sobre a vida delas, até pessoas que alegaram que se afastaram de um ato suicida porque viram minha história, minha força, e isso lhes deu esperança. Os e-mails vieram de todo o mundo, todas as culturas, homens, mulheres e até jovens adolescentes encontraram um lugar seguro em mim para perguntar coisas que nunca tinham exposto nem às próprias famílias.

VOCÊ PERCEBE, EU FINALMENTE TINHA CONSEGUIDO PERCORRER MEU PROCESSO DE PERDOAR, COMPREENDER E RECONHECER TUDO O QUE VIVI, MAS AGORA A VIDA ESTAVA ME DANDO UM TESTE PARA VER SE EU ESTAVA PRONTA PARA COMPARTILHAR ISSO COM O MUNDO.

Mas também vieram os telefonemas difíceis, os e-mails de ex-membros da comunidade que se sentiam magoados e incompreendidos, as expressões irritadas de pessoas que não podiam entender e, portanto, julgavam e reivindicavam tudo como mentira.

Esse momento da minha vida está definitivamente na lista dos momentos mais difíceis. Senti-me presa nele, como se não importasse o que eu fizesse ou dissesse, sempre haveria um dedo apontando diretamente para mim.

O fato era que, naquele momento durante o Date with Destiny, eu não estava pensando em quanto precisava ser cuidadosa com minhas palavras, não estava tentando proteger ninguém, não estava pisando em ovos e me certificando de que não estava exagerando ou ferindo alguém com a minha verdade crua. Eu não estava contando a história de ninguém, nem tentando ajudar as pessoas a entender todas as dinâmicas de viver em uma comunidade e como tudo aconteceu do começo ao fim.

Foi apenas um momento de pura dor e libertação de tudo o que mantive dentro de mim por tantos anos.

Agora, porém, essa versão estava sendo julgada e analisada como se eu quisesse manipulá-la para me servir e, consequentemente, ferir e expor outras pessoas.

Levei algum tempo para entender que, sim, quando você dá um passo para viver sua verdade, quando se livra de sempre tentar minimizar sua dor porque não quer machucar nem expor ninguém, você deixa de cometer o pior tipo de crime. Você para de se trapacear e de se trair.

É uma espécie de violência e abuso que você comete com a sua história e a sua vida, infligindo tanta dor e tanto sofrimento, que é uma ilusão pensar que seu **silêncio** é amor e consideração.

Sua história, sua dor e sua vida são importantes e isso não depende do que as pessoas pensam ou dizem sobre isso para serem válidas ou verdadeiras. Elas não estavam na sua pele, não sentiram o que você sentiu, elas não viram o que você viu, portanto, a base de seus julgamentos sempre estará na visão limitada que elas têm de você e da situação; essa visão será baseada em medo ou confusão. É como tentar explicar um arco-íris para um homem cego, ele nunca conseguirá ver as cores que você vê.

SUA HISTÓRIA, SUA DOR E SUA VIDA SÃO IMPORTANTES E ISSO NÃO DEPENDE DO QUE AS PESSOAS PENSAM OU DIZEM SOBRE ISSO PARA SEREM VÁLIDAS OU VERDADEIRAS.

Foi apenas aí que entendi que não havia nada que eu tivesse de fazer. Pessoas seriam ajudadas, pessoas ficariam feridas, mas eu realmente não tinha nada a ver com isso. Eu estava em um caminho para a cura, finalmente consegui viver minha verdade agora que minha história e as coisas que aconteceram naquela comunidade estavam expostas e eu tive oportunidade de falar sobre isso e ajudar a aumentar a consciência sobre a manipulação mental, mas eu também tive oportunidade de contar toda a história, mostrar que na vida absolutamente tudo terá sempre a luz e a escuridão e quando aprendermos a reconhecer os dois é que vamos crescer, vamos nos curar e nos transformar. Permitindo que a evolução continue a acontecer em nossa vida.

Nunca tive oportunidade de falar com todas as pessoas de quem eu gostaria e, nas páginas deste livro, gostaria de expressar meu amor a todos aqueles que já viveram na comunidade dos Meninos de Deus e a todos que também viveram em cultos rigorosos, comunidades religiosas, unidades familiares que foram afetadas por uma liderança, um guru ou um pastor emocionalmente doente.

CONFIAR

Às vezes, você se apega a alguém apenas porque quer controlar o resultado, você desesperadamente não quer machucar nem ser machucado. Você acredita que, se for o mais honesto possível, o mais amoroso possível, o mais certo possível, poderá controlar o que a pessoa sentirá por você ou aquilo em que ela acreditará sobre você. Porque só você conhece suas verdadeiras intenções e sabe quanto ama essa pessoa. Entretanto, o problema é que nunca existe uma maneira de controlar o que alguém vai fazer ou sentir com base em alguma decisão que você tomar. A experiência dessa pessoa sempre será baseada em sua própria percepção da situação e no seu nível de compreensão e maturidade emocional para lidar com ela, da única maneira que souber.

Você nunca fechará um ciclo de sua vida tentando consertar as coisas com a outra pessoa.

Você precisa consertar o que está dentro de você, curar o que precisa curar e confiar que o tempo trará o que falta, o tempo revelará o que era forte o suficiente para suportar os ventos e as noites frias.

O amor que encontrou suas raízes durará para sempre e será a prova pela qual você sempre esteve procurando.

O AMOR QUE ENCONTROU SUAS RAÍZES DURARÁ PARA SEMPRE E SERÁ A PROVA PELA QUAL VOCÊ SEMPRE ESTEVE PROCURANDO.

Quando todo ego e todo orgulho são testados até seus limites, a gema do amor incondicional pode ser revelada e apreciada.

Precisamos aprender a nos render à vida, ela é nossa mãe e nosso lar e sempre sabe o que é melhor para nós. Esteja em paz com o fato de que você também machucará e deixará cicatrizes, e isso não faz de você uma pessoa ruim, assim como aquele que o machucou. Não acredito que as pessoas sejam boas ou más. Há apenas experiências que têm o objetivo de ensinar um nível mais profundo de compreensão, amor, desapego e aceitação.

DEIXE SER...

Não tente mudar o que a vida está juntando ou separando, porque uma vez que você o fizer, estará indo contra o fluxo e a ordem da vida, contra as ondas, e isso vai automaticamente gerar dor e sofrimento. A dúvida surge apenas quando você está em um estado de negação, não quer aceitar o que está acontecendo, está nadando contra as ondas, há algo dentro de você que está tão convencido de que o seu caminho é melhor ou que, se fosse com você, você faria um trabalho melhor.

Você ainda está preso na ignorância das ilusões que construiu sobre o que é certo e bom para você e para as pessoas ao seu redor.

O QUE EU LEVO COMIGO HOJE

Hoje olho para trás e tudo o que vejo é uma vida incrível, vivida com tantas dinâmicas diferentes que envolveram amor, alegria, dor e tudo o que a vida tem para oferecer.

Permaneço em um lugar de pura gratidão e consciência de todas as experiências que vivi, de cada pessoa que atravessou meu caminho e me deu presentes de amor e alegria ou dor e sofrimento.

Os Meninos de Deus mais tarde ficaram conhecidos como A Família, foi meu lar, meu tudo, por tantos anos. Reconheço toda a beleza e todo o amor que eu vivi naquele lugar, naqueles lares.

Não tenho dúvida de que todos os que se juntaram a essa comunidade tinham o coração puro, cheio de esperança de criar um mundo melhor, um mundo cheio de amor. Eu senti essa esperança e fé enquanto cresci ao lado deles, observando sua dedicação e suas lágrimas enquanto lutavam por algo que acreditavam ser a melhor maneira de viver e às vezes a única maneira. Admirei a dedicação e os sacrifícios que eles fizeram, por muitas vezes, porque seu pai, seu guru, seu líder em quem confiavam pediu isso deles.

Até hoje não conheço mulheres tão fortes e firmes como as da minha infância, muitas vezes tendo de deixar seus filhos, sua casa e seus entes queridos para servir a um propósito mais elevado. Pediram-lhes que desafiassem seu amor em abismos que nenhum ser humano é verdadeiramente capaz de enfrentar, e elas o fizeram com lágrimas nos olhos, corações dilacerados, mas ainda assim com um sorriso no rosto e amor no coração.

ATÉ HOJE NÃO CONHEÇO MULHERES TÃO FORTES
E FIRMES COMO AS DA MINHA INFÂNCIA,
MUITAS VEZES TENDO DE DEIXAR SEUS FILHOS,
SUA CASA E SEUS ENTES QUERIDOS
PARA SERVIR A UM PROPÓSITO MAIS ELEVADO.

Vi as tantas vezes que elas tiveram de fazer coisas que eram contra o que acreditavam, que eram contra sua própria natureza, porque foram ensinadas que sua natureza e suas crenças eram perigosas e erradas. Testemunhei como se tornaram cegas para o que estava certo e errado. Tudo se tornou tão confuso que a manipulação passou por amor e o abuso em todas as suas formas não podia mais ser identificado. Tornou-se o "normal". A única pessoa que estava certa era a sombra por trás de tudo que era errado. David Berg. Ele ficou doente, e tornou-se contagioso.

Ele disse que poderiam machucar, que estava tudo bem e era puro, mas, quando efetivamente "fizeram isso", ele apontou o dedo culpando-as. Ele plantou a raiva, a dor, a perversão e deu permissão para chamá-las de amor. Elas se entregaram, mas depois descobriram que isso as devastou.

Nos homens, vi o amor verdadeiro, a dedicação e quão difícil era lutar contra os demônios dentro deles, mesmo quando havia permissão para manifestá-los a qualquer momento.

Coisas bonitas aconteceram na comunidade, vidas não foram desperdiçadas. Muitas pessoas encontraram amor e Deus através de todos eles e isso nunca deve ser questionado. Muitos lutaram diariamente para fazer as coisas certas e lutam por isso constantemente.

NOS HOMENS, VI O AMOR VERDADEIRO, A DEDICAÇÃO E QUÃO DIFÍCIL ERA LUTAR CONTRA OS DEMÔNIOS DENTRO DELES, MESMO QUANDO HAVIA PERMISSÃO PARA MANIFESTÁ-LOS A QUALQUER MOMENTO.

Reconheço toda a luz e todo o amor que existiu nos Meninos de Deus e sou quem sou por causa disso.

Eu também vi como a dor e o sofrimento vieram como uma onda, caindo e afetando a nossa vida de um modo que nunca pode ser apagado.

Como o ego e o poder manifestaram-se em nossos relacionamentos, como nos distanciaram do que amor e aceitação realmente são.

Vi o veneno que se infiltrou em nosso amor, nossa sexualidade e nossa inocência, e a ignorância que nos impediu de perceber a dor que estava acontecendo por trás de portas fechadas. Portas que eles nunca acharam necessárias abrir, uma segurança que eles quase tinham como garantida. Eles estavam cegos, não era culpa deles, eles simplesmente não podiam ver o que estava acontecendo.

Pessoas ficaram feridas, assim como eles...

Eu sei que todos nós temos nossas histórias e todos fomos feridos de algum jeito. No entanto, reconhecer a dor não significa descartar todo o resto.

E talvez você nunca tenha visto nem passado por nada da comunidade, e isso é ótimo. Mas lembre-se: essa foi a sua experiência, se outros tiveram uma diferente da sua, ela deve ser respeitada, e não condenada ou julgada como errada ou mentirosa.

Nunca me esquecerei das palavras de um dos membros da comunidade antes de tirar a própria vida: "Tudo o que eu queria ouvir deles era que sabiam lá no fundo do coração que o que eles faziam era errado, e de alguma forma admitissem isso. Talvez você tenha vivido na comunidade e nunca tenha sofrido abuso sexual, mas esse não é o ponto. Há muitos de nós que sofremos, e se não lutarmos um pelo outro e quebrarmos o silêncio, o abuso continuará.".

Ele disse que uma das maiores dores era olhar nos olhos dos membros e ver que eles realmente não podiam enxergar que o que estavam fazendo era ruim e prejudicial. Tornaram-se cegos e surdos, não conseguiam ouvir os gritos por ajuda.

Jamais vou me esquecer dessas palavras, elas me deram força desde então para continuar a quebrar o silêncio, para ajudar a desmanchar os nós mentais e começar a ver novamente. Sem ódio nem raiva... mas com verdade e reconhecimento de nossas histórias e das histórias que nunca foram contadas e foram levadas para o túmulo. Para curar as feridas que ficaram em milhares de corações e que merecem ser vistas, ouvidas e respeitadas.

E não há lugar para vergonha nem julgamento. Essas coisas acontecerão enquanto a raça humana existir. Nenhum de nós é imune a elas; existem dentro da estrutura familiar, de comunidades religiosas e a lista é imensa. A manipulação mental está em todo lugar, gurus e líderes continuarão a existir. Simplesmente aconteceu de eu viver todas essas experiências dentro dos Meninos de Deus.

Enquanto insistirmos em acreditar que "não temos" o que é necessário para passar por esta vida, continuaremos a procurar em outros uma forma de viver. Vamos deixar que outros liderem nossa vida, manipulem nossa mente e escolham o que acham melhor para nós.

Sim, outras pessoas sempre vão nos inspirar e isso faz muito bem, mas nunca devemos entregar a nossa chave e o acesso completo nas mãos de pessoas que não sabem como usá-la.

Então, termino com um desejo e um pedido.

Que você possa encontrar a paz em sua vida e saber que sua história é importante e não há nada do que se envergonhar. Você é um herói, esteve na batalha, machucou e foi machucado. Suas feridas e suas cicatrizes não são feias nem algo do que se envergonhar, elas são parte da sua história, da sua verdade e, se você não as honrar, ninguém o fará. Se você não tiver essa coragem, não terá oportunidade de desfrutar o prazer de realmente ser visto por quem e pelo que você é, em toda a sua verdade e perfeição.

E meu pedido é simples: não chame de mentira o que você não consegue entender ou ver. Há muito além do que você pode ver e perceber!

SUAS FERIDAS E SUAS CICATRIZES NÃO SÃO FEIAS
NEM ALGO DO QUE SE ENVERGONHAR,
ELAS SÃO PARTE DA SUA HISTÓRIA,
DA SUA VERDADE E, SE VOCÊ NÃO AS HONRAR,
NINGUÉM O FARÁ.

CAPÍTULO 11

os propósitos da dor

A vida finalmente encerrava um ciclo e começava outro novo. Desta vez, todos os meus medos de julgamento e as noites acordada me perguntando o que fizera de errado pareceram sumir, e uma nova maneira no jeito como eu enxergava a mim mesma, a vida e as pessoas ao meu redor começou a tomar lugar.

Finalmente chegara a hora. Eu estava pronta para compartilhar com o mundo quem era DAWN WATSON e me aprofundar na minha dor para experimentar os tesouros que existiam através dela.

Agora era hora de devolver ao Universo todas as coisas maravilhosas que ele havia me dado.

Veja, assim como no ciclo da borboleta, com os quatro estágios pelos quais a lagarta deve passar para finalmente chegar à sua expressão mais completa como uma borboleta, a dor também se manifesta em seus quatro estágios em nossa vida – e, com ela, recebemos quatro presentes.

VEJA, ASSIM COMO NO CICLO DA BORBOLETA, COM OS QUATRO ESTÁGIOS PELOS QUAIS A LAGARTA DEVE PASSAR PARA FINALMENTE CHEGAR À SUA EXPRESSÃO MAIS COMPLETA COMO UMA BORBOLETA, A DOR TAMBÉM SE MANIFESTA EM SEUS QUATRO ESTÁGIOS EM NOSSA VIDA – E, COM ELA, RECEBEMOS QUATRO PRESENTES.

Compartilhei com você como encontrei força, amor, sabedoria e propósito na minha vida e como tudo isso não veio da maneira como eu gostaria. A dor os trouxe para a minha vida e só quando eu pude reconhecê-la entendi seu imenso valor.

QUATRO PROPÓSITOS DA DOR

1. A dor que está em nossa vida com o propósito de nos **impulsionar**.
2. A dor que está em nossa vida com o propósito de nos **ensinar**.
3. A dor que está em nossa vida com o propósito de nos **libertar**.
4. A dor que está em nossa vida com o propósito de nos **conectar**.

1. A DOR QUE ESTÁ EM NOSSA VIDA PARA NOS **IMPULSIONAR** VEM COM UM PRESENTE INCRÍVEL QUE SÓ RECEBEREMOS SE RECONHECERMOS SEU PROPÓSITO. É O DOM DA **FORÇA**, DA **ENERGIA EMOCIONAL** E **MENTAL**.

Em minha vida, senti muita dor pela rejeição, os sentimentos de ser indesejada e uma estranha neste mundo começaram a criar em mim uma força que eu não sabia que tinha. Isso me ajudou a me levantar todas as vezes que a vida me derrubou. Foi uma dor que me deixou com raiva, uma dor que eu sabia que poderia me destruir facilmente, mas, se eu a usasse como combustível, ela me manteria seguindo em frente.

Pare um minuto e pense em uma dor que você conseguiu usar como combustível e força na sua vida. Uma dor que você experimentou e hoje pode dizer: "Uau, eu sou muito mais forte e determinado hoje porque passei por isso ou por aquela experiência".

Talvez tenha sido uma frase que você ouvia do seu pai ou da sua mãe: "Você nunca será capaz de fazer isso" ou "Você é tão preguiçoso que nunca conseguirá manter esse trabalho".

E essas palavras se tornaram sua maior motivação para continuar lutando, alcançar seus objetivos e provar a si mesmo e aos outros que você poderia fazer qualquer coisa se colocasse sua mente focada nisso.

Muitas vezes essa dor bateu à sua porta sob a forma de um peso em seu corpo, e você ficou tão irritado e frustrado que transformou esses sentimentos em energia e mudou todo o seu estilo de vida, seu corpo e sua saúde, graças a essa dor que, num primeiro momento, parecia destruí-lo.

Pare um momento agora para escrever sobre isso e realmente reconhecer toda a força e toda a energia que essa dor trouxe para a sua vida.

____

____

____

____

____

____

____

Depois de escrever, passe alguns minutos sentindo-se grato e aprecie a dor e o lindo presente que você recebeu por meio dela.

2. DEPOIS, HÁ A DOR QUE ESTÁ EM NOSSA VIDA PARA NOS **ENSINAR** E SEUS PRESENTES SÃO **SABEDORIA** E **INTELIGÊNCIA EMOCIONAL**.

Isso é muito diferente de ser uma pessoa inteligente. Não importa o que você estude nos livros e em quantas universidades você se forme, há a *sabedoria* que só a dor pode lhe dar e ela vem das experiências em seus relacionamentos, que muitas vezes são difíceis e causam desconforto e dor.

Não tive oportunidade de estudar muito durante a infância e até hoje há várias coisas que ainda desconheço, mas uma coisa eu sei: sou emocionalmente muito inteligente. Posso entender claramente os comportamentos humanos e quais são os gatilhos que levam ao sofrimento. Eu entendo tanto sobre manipulação mental que posso sentir seu cheiro a distância. Nutro meu mundo interno com muita clareza e amor. A sabedoria inundou minha vida de um modo tão profundo, que eu sei que tenho muito para dar e compartilhar com os outros.

Esse dom veio de todos os relacionamentos dolorosos que tive, dentro e fora da comunidade, eles me deram oportunidade de aprender com cada experiência e tirar delas as lições que me trouxeram o dom da *sabedoria,* que eu valorizo mais do que qualquer coisa neste mundo. Muitas pessoas vêm até mim e não acreditam em quão jovem sou, sempre dizem: "Ah, nossa, você é uma alma velha presa em um corpo jovem!". Eu digo que, na verdade, sou apenas uma alma vivendo uma experiência humana, e a única diferença é que eu escolho ouvir a dor, aprender com ela e deixá-la me fazer crescer em vez de me derrubar.

Pare por um momento para refletir sobre todos os relacionamentos que você já teve e muitas vezes foram dolorosos – ou talvez ainda sejam – e reconheça quanto você cresceu e amadureceu com eles, veja a sabedoria que veio deles e anote todas as lições que você tem aprendido ou está aprendendo. Essas lições o acompanharão pelo resto de sua vida e se tornarão sabedoria quando as implementar em seus relacionamentos, atuais e futuros.

EU DIGO QUE, NA VERDADE, SOU APENAS UMA ALMA VIVENDO UMA EXPERIÊNCIA HUMANA, E A ÚNICA DIFERENÇA É QUE EU ESCOLHO OUVIR A DOR, APRENDER COM ELA E DEIXÁ-LA ME FAZER CRESCER EM VEZ DE ME DERRUBAR.

Agora, reserve um momento para fechar os olhos e sentir-se grato por todas as lições aprendidas, por todos os relacionamentos vividos, que às vezes são difíceis mesmo, e saiba que nada nem ninguém entra ou sai da sua vida sem um propósito. Nós crescemos e evoluímos em cada relacionamento e essa é a beleza da vida. Sinta isso, seja grato por isso, reconheça que às vezes vem em um embrulho feio, mas ainda assim é... um **presente**.

> *"Um homem tolo é alguém que acredita que controla o mundo e as pessoas ao seu redor, um sábio sabe que ele controla seu mundo interno e transforma todas as dores e todos os conflitos externos em amor e sabedoria."*
>
> *Dawn Watson*

3. ENTÃO, HÁ A DOR QUE ESTÁ EM NOSSA VIDA PARA **NOS LIBERTAR** E SEU PRESENTE É **O AMOR INCONDICIONAL QUE VEM DO PERDÃO**.

A dor sempre baterá à nossa porta, é inevitável. Enquanto vivermos em um mundo cheio de seres humanos imperfeitos, a dor continuará a se expressar ao nosso redor. Ela virá, assim como veio na minha vida e bateu à minha porta muitas e muitas vezes. E eu entendi que, por algum motivo, essa dor era minha culpa e eu a estava recebendo porque eu devia ter feito algo errado. Então eu a peguei, escondi dentro do meu lar e deixei que ela me destruísse, essa dor passou a me definir, e esqueci quem eu verdadeiramente era...

Quando você sofre abuso de qualquer tipo ou uma dor profunda, é difícil entender que o que aconteceu, na verdade, era a sombra de outra pessoa que, como se fosse uma tinta, ficou manchada em você. Somente quando comecei a entender verdadeiramente que essa mancha em meu corpo, meu coração e minha alma não era minha, é que percebi que, se eu a deixasse ir, se eu me lavasse, eu me encontraria de novo.

O que aconteceu com você não o define, não é você! Quando, finalmente, entendi isso em um nível profundo na minha vida, consegui começar o processo de compreender e perdoar a mim mesma para então começar a jornada em direção às pessoas que me machucaram, reconhecendo a luz e a escuridão delas e liberando do meu coração a dor que não era mais necessária na minha vida e enfim organizando meu lar.

Liberando as sombras que não eram minhas e toda a dor que estava presa em mim, encontrei o amor e a compreensão que havia sob tudo isso. As memórias ainda estavam lá, mas a dor e o sofrimento desapareceram, e eu não era mais uma vítima, uma visitante no meu lar.

Quando incubamos a dor e a alimentamos com raiva, culpa, vergonha, violência, rancores e tristeza, nós a transformamos em sofrimento e interrompemos seu propósito. Damos permissão para que ela nos destrua e crie raízes dentro de nós. Como um pássaro, cortamos suas asas e o guardamos em uma gaiola. A dor não foi feita para ficar, ela vem, traz um presente e depois anseia por ser lançada de volta ao Universo, onde ela pode se dissolver como as lágrimas enquanto descem pelo nosso rosto, lavando tudo o que precisa ir embora.

Ao libertar a dor, você volta à sua verdadeira natureza, quando você está disposto a deixá-la ir, deixa o perdão abrir a porta para um amor que nunca experimentou antes, e toda a dor se torna pequena para a quantidade de amor e alegria que você sente depois da tempestade.

Hoje sou tão grata a cada momento doloroso da minha vida e a cada vez que esses momentos me ensinaram a liberar e esvaziar meu coração para que eu pudesse ter mais espaço para o amor e a alegria!

A DOR NÃO FOI FEITA PARA FICAR, ELA VEM, TRAZ UM PRESENTE E DEPOIS ANSEIA POR SER LANÇADA DE VOLTA AO UNIVERSO, ONDE ELA PODE SE DISSOLVER COMO AS LÁGRIMAS ENQUANTO DESCEM PELO NOSSO ROSTO, LAVANDO TUDO O QUE PRECISA IR EMBORA.

Agora, quero que você imagine que sua vida é como uma bela taça. Quando mantemos a dor trancada dentro de nós, é como encher a taça com água turva e escura, deixando que pouco a pouco ela se encha até que transborde. Então, não importam as águas límpidas do amor, da felicidade, dos novos relacionamentos, de um novo país, sua taça nunca parecerá cheia de águas limpas e transparentes. A sensação de que algo está sempre faltando continuará dentro de você. E isso não é porque a vida não lhe trouxe novos começos ou coisas boas, é só porque você ainda está tão cheio de dor, que tudo o que o pode ver e sentir é que a água escura transborda.

Então é hora de liberar, é hora de esvaziar essa taça e deixar a água turva ir para que você possa receber toda a água cristalina que a vida está guardando para preencher você até transbordar.

Quais são as águas escuras que você precisa libertar? Qual é a sombra que não é sua e o tem acompanhado, a culpa e a vergonha que lhe mantêm no escuro? Que significado você deu a uma situação dolorosa que o assombrou por anos e que pode não ser "verdadeira"? Você se sentiu rejeitado porque não era suficientemente bonito, bom o bastante, inteligente o suficiente, magro o suficiente? Você mereceu ser magoado, porque você era estúpido, porque você é uma mulher?

Quais são os significados dolorosos ligados a todos esses padrões destrutivos que trazem sofrimento à sua vida e dos quais você quer ser livre?

Escreva todos eles, escreva o que você sabe que precisa liberar, perdoar e deixar ir embora.

____

____

____

____

____

____

____

____

Convido você para ouvir a segunda meditação que disponibilizei para você. Caso ainda não tenha acessado, use o link: http://ressignificandoador.com/audiosgratuitos/

4. POR FIM, HÁ A DOR QUE ESTÁ EM NOSSA VIDA PARA NOS **CONECTAR** E SEU PRESENTE É **PROPÓSITO**.

Nunca teria imaginado que aqueles anos dolorosos da minha vida, que julguei inúteis e destrutivos, um dia se tornariam meu maior poder e minha força. Nunca poderia supor que essas experiências me conectariam com qualquer coração, independentemente do idioma, da cultura ou da religião, e me dariam o maior presente de todos... **significado** e **propósito**.

NUNCA TERIA IMAGINADO QUE AQUELES ANOS DOLOROSOS DA MINHA VIDA, QUE JULGUEI INÚTEIS E DESTRUTIVOS, UM DIA SE TORNARIAM MEU MAIOR PODER E MINHA FORÇA.

Durante anos questionei "Por que eu existo?"; "Por que eu tive de passar por tudo isso?"; "Deve haver mais, mas não consigo descobrir o que vim fazer nesta Terra, sofrer?". Eu pensava por horas sobre vidas passadas e que talvez eu tivesse sido uma pessoa muito ruim, por isso estava vivendo esta vida para, de alguma forma, pagar minha dívida. A vida parecia uma punição, e eu contava os dias para que terminasse.

No entanto, quando eu finalmente desisti de tentar encontrar essas respostas, algo bonito aconteceu...

Sentada com uma garota do meu curso de Psicologia, notei como ela olhava para mim e eu sorri de volta, sem entender o que ela estava olhando. Ali foi o começo de uma linda amizade que mudou minha vida para sempre.

Eu nunca de fato me abrira sobre a maior parte da minha vida, sempre tivera medo do que as pessoas pensariam ou diriam e, para dizer a verdade, pensava que ninguém realmente se importava!

Um dia, porém, fazendo uma lição de casa no meu apartamento com essa amiga, Sarah, de repente, ela desabou em lágrimas e começou a compartilhar comigo o que estava acontecendo com ela. Durante anos, ela sofrera abusos de seu pai e, quando contou à sua mãe, nada aconteceu. "Tenho 21 anos e meu corpo ainda congela quando ele vem ao meu quarto, eu não sei o que fazer, não sei por que estou dizendo isso, mas sinto que você pode me ajudar."

Esse é um dia do qual nunca me esquecerei. Segurei-a em meus braços e nós apenas choramos juntas. Naquele momento eu sabia que nada precisava ser feito ou dito, tudo o que queria era abraçá-la e chorar com ela, compartilhava todas as lágrimas e todo o peso para que pudesse passar e ficar mais leve.

Eu sabia o que ela sentia, quão profundo era aquele buraco e sabia que ela me escolhera porque se sentia segura. E o que me tornou um porto seguro? Ela viu em mim uma força que eu ainda não podia ver, ela confiava em mim, isso me despertou para o meu propósito e me deu a chance de devolver o que um dia Júlio me dera.

Depois daquela tarde conversamos por horas e contei-lhe a minha história e a jornada de cura que eu começara. Seus olhos se encheram de esperança e, naquele dia, o propósito nasceu em mim!

Todas as perguntas encontraram suas respostas naquele dia. Eu não precisava fazer nada, minha história, minha vida eram meu **propósito** e estavam lá o tempo todo. Meu poder estava na minha dor, e eu poderia escolher como usá-la. Vítima ou heroína? Maldição ou bênção?

Minha vida, minha história, minhas cicatrizes não eram algo de que eu deveria me envergonhar. Elas eram a prova viva de que onde uma vez existiram feridas profundas, agora havia cura e força.

Percebe, nossa história, nossa dor está em nosso caminho não apenas para servir à nossa evolução e ao nosso crescimento, não para por aí. Quando entendemos seu significado em nossa vida e nos livramos de toda vergonha e culpa que a bloquearam, o propósito pode finalmente se manifestar. Sua história é a coisa mais poderosa que você possui, e quando você usa isso para ajudar os outros no caminho para a cura, a magia acontece. Você descobre do que é feito, você descobre o anseio de sua alma. Viver o seu propósito traz um sentimento tão maravilhoso que não consigo nem começar a expressar em palavras.

SUA HISTÓRIA É A COISA MAIS PODEROSA QUE VOCÊ POSSUI, E QUANDO VOCÊ USA ISSO PARA AJUDAR OS OUTROS NO CAMINHO PARA A CURA, A MAGIA ACONTECE.

Da mesma forma que nosso corpo deseja e precisa de alimentos para se manter vivo, nossa alma deseja o propósito. Quando você aprende que nada está faltando e que você **tem tudo** o que precisa dentro de si, sua história, sua dor, seu amor, essa experiência chamada vida se torna tão maravilhosa!

Você não precisa ser como as outras pessoas, você não precisa ter outra história, você não precisa enlouquecer tentando cumprir um milhão de coisas para preencher seu propósito.

Você é o seu propósito e, quando abraçar, amar e honrar sua existência, essa lacuna será preenchida e você viverá sabendo que sua vida não foi um erro.

Os lugares mais ricos do mundo não são minas de ouro, campos petrolíferos, minas de diamantes ou bancos. O lugar mais rico é o cemitério. Lá estão as empresas que nunca foram iniciadas, obras-primas que nunca foram pintadas... No cemitério está enterrado o maior tesouro do potencial inexplorado. Há um tesouro dentro de você que deve ser mostrado. Não vá para o túmulo com seu tesouro ainda dentro de você.

MYLES MUNROE

Escreva agora qual é a dor na sua vida que o ajuda a se conectar com os outros?
Qual é o tesouro enterrado dentro de você?
Qual é a dor que pode se tornar seu maior poder?
Quem é você e o que tem para compartilhar com o mundo?

____

____

____

____

____

Um dia, ouvindo uma palestra de Myles Munroe, ouvi esta frase, da qual nunca me esquecerei, ele disse: "Descubra o que você odeia, você nasceu para mudar isso. Somente o que causou raiva, inconformidade e dor lhe dará força e motivação para fazer algo a respeito e mudá-lo".

Sentei-me naquele dia durante quatro horas e escrevi tudo o que odiava: abuso, manipulação espiritual, violência, e a lista continuava.

Quando finalmente terminei, olhei para todas as páginas e algo mudou. Não parecia exaustivo, parecia emocionante e me senti desafiada.

Eu tinha o poder de mudar isso dentro de mim, onde antes havia dano e raiva agora havia perdão e amor.

EU TINHA O PODER DE MUDAR ISSO DENTRO DE MIM, ONDE ANTES HAVIA DANO E RAIVA AGORA HAVIA PERDÃO E AMOR.

DE VOLTA AO MEU PORTO SEGURO

Aqui está uma história de quando eu perdi o caminho para o meu lar e quantos de nós nunca acharam o caminho de volta. Quando você perdeu seu caminho de volta para o seu verdadeiro lar? É hora de voltar a VOCÊ, você antes de toda a dor.

Era uma vez uma menininha chamada Elena.

Ela vivia em uma linda casa, que ganhou de um rei muito generoso.

No dia em que foi trazida ao mundo, ele prometeu que essa casa seria um lugar seguro, para onde ela sempre poderia retornar quando se sentisse com medo ou em perigo.

O rei a amava profundamente, mas sabia que seu tempo ali com ela seria muito curto, portanto precisava dar-lhe algo que pudesse sempre lembrá-la de seu amor e sua proteção.

O rei era muito sábio e amoroso. Tudo em seu reino fora perfeitamente planejado, tudo tinha um começo e um fim, tudo tinha um propósito e um significado, das menores flores às maiores montanhas. Ele conhecia tudo pelo nome e, de alguma forma, todas as coisas também sabiam disso e seguiam o comando da natureza.

O sol subia brilhando a cada manhã, trazendo luz e vida a todo o reino. E se punha a cada dia completando o ciclo, seu propósito, como tudo mais que seguia o fluxo.

À noite, todos voltavam para seus lares, com seus ritmos seguros, seus dons. O rei fez questão de dar a cada um uma lembrança de seu amor e proteção. Ninguém foi deixado de lado.

Elena foi crescendo e começou a notar os pequenos detalhes escondidos em seu lindo lar que a lembravam do rei. Cada cor, cada detalhe e todas as fotos emolduradas nas paredes.

O mobiliário que parecia tão perfeito, como se ela tivesse escolhido a dedo. “Como ele poderia saber quais eram minhas coisas favoritas?”, ela pensava. Elena nem sempre entendia, mas parecia que tudo estava apenas certo. Encaixava-se como uma luva. *Era meu lugar seguro, meu lar, minha verdade...*

Seu coração batia sem jamais precisar pedir, o corpo crescia sem pedir permissão. Lutava por cada inspiração. Era o presente da vida dado pelo rei, sempre transbordante e se doando.

Elena amava explorar seu lar. Ela corria entrando em cada quarto e pulava em cada cama. Era perfeito, lindo e o melhor de tudo, era tudo só para ela. Ela podia fazer o que quisesse com seu lar, convidar qualquer pessoa que quisesse. Cozinhar suas refeições favoritas e assistir a seus filmes favoritos. Quando tinha um dia difícil, sempre tinha seu lar para voltar.

Era um lugar no qual ela podia chorar quando necessário e não havia ninguém para julgá-la.

Seu lugar favorito era seu quarto, a grande cama confortável onde, no final do dia, podia tirar todas as suas roupas sujas e ficar apenas nua sob as cobertas. Não havia nada do que se envergonhar, nenhuma razão para se cobrir ou se esconder.

Não havia espaço para o medo, o rei havia se assegurado disso. Assim como uma princesa é muito bem cuidada, cada um dos ambientes havia sido criado perfeitamente para as diferentes coisas que Elena gostava de fazer.

A cozinha era onde ela apreciava os prazeres da comida. Era um lugar para descoberta, o que era bom ou não, o que lhe dava mais energia e o que a retirava dela. Elena adorava aprender e testar coisas novas. Esse era um lugar de descoberta, crescimento e discernimento.

Em seguida, havia sua linda sala de estar. Era um lugar cheio de diversão e alegria. Ela gostava tanto dessa sala que tinha de compartilhar com outras pessoas. Era um lugar muito agradável para ficar, mas era ainda muito melhor quando podia compartilhá-lo com as pessoas especiais de sua vida. A sala havia sido preparada e decorada pelo rei especialmente para esse objetivo. Quando estava com seus amigos, a sala se iluminava como uma árvore de Natal. Era um lugar de amor, partilha e alegria. Era a sua necessidade de dar e compartilhar.

Então vinham os banheiros, todos brancos e com um espelho bem grande! Sim, o rei pensou em tudo. Precisava haver um lugar no qual poderia eliminar tudo o que fosse intoxicante ou que não estivesse servindo à sua finalidade. Era também um lugar muito pessoal, para o qual ninguém era convidado.

Os grandes espelhos sempre refletiam exatamente o que se via, sem coberturas, sem máscaras, somente a verdade nua e crua. Era um lugar sem espaço para as mentiras, um lugar para lembrar quem você realmente é, o que você esteve refletindo, sua verdadeira imagem. Era o lar do ego e da autoconsciência.

Depois de percorrer cada quarto e ver suas infinitas possibilidades, Elena gostava de observar como era seu lar visto de fora. Olhando de longe, ela observava a linda cor do telhado, e como seu design parecia único e especial.

Cada detalhe havia sido planejado e cuidadosamente posto no lugar. Ela podia ver quão incrivelmente complicado deve ter sido construir um lar tão lindo quanto aquele, mas, ainda assim, o rei fez questão de tornar tudo muito simples de entender e operar. Ela não precisava fazer nada, apenas desfrutar do presente que havia recebido.

Era o meu lugar seguro, meu lar, minha verdade...

Mudaram as estações, os dias se transformaram em noites, as flores desabrocharam e as folhas caíram no chão. Os ciclos seguiram seu curso e transformaram Elena de um bebê em uma criança, e de uma criança em uma jovem mulher.

O mundo ao seu redor tinha assumido uma forma diferente. Ela agora via as coisas através de uma mente questionadora, ansiosa por aprender, explodindo em curiosidade por dentro. Por que estaria o mundo atrelado a cada pensamento?

Ela desejava entender mais sobre o reino e seus ciclos. Ela queria saber mais sobre o rei, e o porquê de um coração tão amoroso e generoso. Ela se questionava por que ele a tinha deixado com apenas suas memórias nas paredes de sua bela casa. É claro, como toda jovem menina, ela queria mais.

Um dia, ouviu uma batida na porta da frente. Sem saber o que esperar, foi correndo abrir a porta.

Lá, de pé de frente para ela, estava um homem alto, com olhos castanho-escuros e um sorriso estranho no rosto. Em suas mãos, ele segurava um objeto preto em uma tigela vermelha embrulhada para presente. Sem dizer uma palavra, o homem empurrou Elena para o lado e seguiu na direção do quarto dela.

Elena, primeiro, ficou em completo choque, não podia acreditar que esse homem havia invadido seu lar assim. Começou a gritar: “Senhor, eu não o convidei, você não é bem-vindo aqui, por favor vá embora!”.

Entretanto, quanto mais ela implorava a esse homem que saísse, mais ele parecia não ouvir. “Não entre no meu quarto!”, ela gritou, “ninguém está autorizado a entrar no meu quarto!”.

As lágrimas começaram a escorrer pelo rosto dela, ele não ouvia nem se importava.

Esse era o meu lugar seguro, meu lar, minha verdade...

Elena seguiu o homem escada acima esperando que pudesse impedi-lo de alguma forma. Mas, sem respeito nenhum, ele escancarou a porta, jogou o feio objeto embaixo da cama e saiu correndo como se nada tivesse acontecido.

Caindo no chão em prantos, Elena começou a experimentar sentimentos que nunca havia sentido. Medo e vergonha. O que antes era seu lugar favorito, um quarto no qual ela podia sonhar e fantasiar, um quarto que lhe foi dado como um presente feito especialmente para partilhar apenas com alguém em que Elena verdadeiramente confiasse e a quem desse permissão, alguém que ela escolhesse, alguém especial, havia mudado de significado.

Era o lugar mais sagrado de sua casa e agora havia sido violado, a porta fora jogada no chão e um objeto de aspecto horrível estava jogado embaixo de sua cama. Elena não podia mais se olhar no espelho. Ela sentia raiva e vergonha por ter permitido que esse estranho entrasse em seu lar. O que antes era seu momento favorito do dia, quando ela podia se acomodar na cama e ler seus livros favoritos, era agora seu pior pesadelo.

Sentiu que havia decepcionado seu rei. Ela não queria que ele soubesse, então começou a viver esse desconforto. Quando era hora de dormir, pulava rapidamente na cama e se cobria, da cabeça aos pés, não se movia nem um milímetro, nem ousava olhar embaixo da cama.

Do outro lado do quarto estavam todos os seus livros. Ela olhava para eles toda noite, esperando que um dia tivesse coragem para pegá-los. Contudo, a noção desse estranho objeto embaixo de sua cama a apavorava.

Ela também não conseguia mais dormir com as luzes apagadas. A escuridão agora representava perigo. Dias, semanas, meses, anos se passaram e, agora, Elena não se lembrava exatamente do que acontecera naquele dia. Começou a se acostumar com as regras que a auxiliaram a lidar com o problema. Não a apavoravam mais, porque ela aprendeu a contornar isso. A cada dia chegava mais cedo para garantir que fosse dormir antes de o sol se pôr. Assim, não precisaria ter medo da escuridão.

Pegou cobertores bem grandes e jogou-os sobre a cama para que encostassem no chão cobrindo qualquer coisa que estivesse debaixo dela. Com isso, não poderia nem ver o que havia lá, fazendo parecer que o objeto nem estava mais lá.

Colocou uma nova porta que, desta vez, era feita de aço e toda noite era fechada a sete chaves. O quarto que um dia fora um ambiente totalmente seguro agora era o único sob o qual tinha controle. Ela nunca o destruiria ou faria com que sumisse. Era parte de seu lar, mas esse controle estava para desaparecer e ser destruído completamente.

Para surpresa de Elena, um dia ela ouviu uma batida forte na porta de sua casa. Seu coração foi à boca, um estranho sentimento percorreu todo o seu corpo. Era um som familiar, que sabia que já ouvira antes. Ao chegar perto da porta, sussurrou:

– Quem é? – Perguntou Elena.

Uma voz forte respondeu:

– Tenho uma mensagem do rei, ele mandou um presente para você.

A voz forte lembrou Elena de uma voz que havia ouvido havia muito tempo, mas a memória estava tão apagada e distante que ela não conseguiu colocar as peças no lugar.

– Um presente? – Ela perguntou. – O que é?

O homem não respondeu e Elena não abriria a porta até que soubesse qual seria o presente.

Antes que pudesse dizer qualquer palavra a porta foi empurrada e aberta. E esse homem adentrou seu lar, derrubando coisas no chão enquanto invadia seu quarto.

Elena não estava delirando de raiva, gritando ou empurrando o homem, ela esperava que a porta de aço pudesse protegê-la. No entanto, sem nenhuma dificuldade, a porta foi jogada ao chão novamente e, mais uma vez, outro objeto estranho foi colocado em sua cama.

Sem dizer uma palavra, o homem foi embora, deixando para trás o que apenas parecia destruição.

Elena caiu sobre os próprios pés, as lágrimas não conseguiam sair, estava determinada a não se permitir chorar. Em vez disso, seu rosto estava vermelho de raiva e a imagem desse objeto estava agora presente não apenas embaixo de sua cama, mas em cima dela também.

– Por quê!? – Gritou o mais alto que conseguia.

– Por que rei, por quê?!!! Por que você me deu e agora tira? Por que você chama esta desgraça de presente? Eu não deixei este homem entrar, ele não tinha o direito de me tirar meu quarto, minha inocência!

Deitando-se no chão, nenhuma raiva conseguia impedi-la agora de chorar intensamente.

– Você deixou esta bagunça para trás para que eu tenha de limpar?

Elena questionava o rei novamente, e não conseguia entender o propósito de suas invasões. Como eles podiam chamar aquilo de presente? Como ele pôde fazer isso com ela? Ela estava brava com o rei, e, quanto mais pensava nisso, mais distante ela ficava dele.

Os dias se passaram e Elena teve de se tornar uma prisioneira na própria casa. Não conseguia mais entrar no quarto. Ele se tornou o lugar mais apavorante de seu lar. Seus livros de fantasia e seus sonhos estavam agora todos fora do alcance.

Cada dia dormia em um quarto diferente. No chão do banheiro, no pequeno sofá que apenas cabia metade de seu corpo e, algumas vezes, na cozinha.

De uma garota sonhadora e esperançosa, Elena cada vez mais se tornava quieta e amedrontada.

Muito tímida e solitária, Elena se tornou distante do rei. Tirou da parede todas as imagens que a faziam se lembrar dele, tentando intensamente seguir adiante. Elena não conseguia encontrar alegria em nada. Os meses se passaram e ela continuou recebendo mais e mais visitas desse estranho mensageiro e seus presentes esquisitos.

Para Elena apenas significava uma tentativa de destruí-la. Ela estava totalmente convencida de que o amor do rei por ela não existia mais e agora ele também queria tirar dela o lar que havia lhe dado. Agora esses "presentes" estavam espalhados por toda a casa.

Invadiram sua cozinha, e pelo medo de entrar, Elena estava muito doente. Ela estava faminta porque o medo era mais forte do que a possibilidade de se alimentar. Sua perda de confiança transformou-a em uma pessoa muito solitária. Ela estava envergonhada e constrangida por ver como seu lar estava agora. Não queria que ninguém visse quão bagunçado havia se tornado.

Quando o dia terminava, a escuridão invadia todos os quartos, e não havia nenhum lugar seguro para onde correr. Quase sem conseguir falar mais, as únicas palavras que ela conseguia sussurrar quando lutava para dormir eram:

– *Este era meu lugar seguro, meu lar, minha verdade...*

Naquela noite, Elena não conseguiu mais aguentar. Estava exausta. Seu corpo não tinha mais forças e sua mente e seu coração haviam sido traídos. O que quer que tenha sido um dia seu lar, que um dia tenha sido tão apavorante, não importava mais... ela sentia que tinha apenas uma opção agora, fugir.

Deixando seu lar ferido, em tão terrível estado, sentiu que seria pior se ficasse.

Sem pensar muito, Elena deixou seu lar...

E assim, a jornada de cura começou.

Voltando para o meu lar...

Muitos anos se passaram, e Elena era agora uma mulher, mas ainda tentava encontrar a criança perdida dentro de si. Ela viajou para terras distantes e viveu como visitante em muitas casas durante sua jornada. Ela aprendeu muito e conheceu muitas pessoas maravilhosas ao longo do caminho.

Das maiores casas, cheias de cor e luz, para as menores, que quase não tinham móveis nem quartos, Elena sempre se perguntava se eles estavam felizes e seguros em seus lares.

Por mais que ela amasse aprender e viajar, sempre havia esse buraco no meio do peito, um anseio por encontrar o seu espaço...

A sensação de sempre ser uma visitante, deixando os outros decidirem quem você é, o que deve fazer, às vezes, isso até a fazia se sentir protegida e segura, mas também sufocada. Elena perdeu o caminho de volta para seu lar, e agora não conhecia outra maneira de viver, além de sob o teto de outras opiniões, outras regras, outros desejos e outras expectativas.

Havia momentos em que todos estavam dormindo, em que as palavras saíam como o uivo de um lobo para a lua cheia: "Lar, como sinto a sua falta, eu vim parar tão longe de você, eu não sei como encontrar meu caminho de volta...".

Meu lugar seguro, meu lar, minha verdade...

Naquela noite em seu sono, aconteceu algo mágico. Era como se esse sussurro acordasse uma voz suave que ela não escutava havia anos. Era a voz do rei, amorosa e gentil. Soou como gotas de chuva caindo no oceano, era reconfortante e segura.

Elena sabia que era um sonho, porém era tão real. Ela realmente não conseguia entender o que esses sussurros estavam dizendo e não podia enfrentá-los, mas ecoaram ao redor dela criando um vento que começou a tirá-la da cama. Esse vento não era assustador, parecia um cobertor quente que a abraçava enquanto ela começava a flutuar em direção à janela.

Do lado de fora da janela, Elena entendeu o que era o barulho que acompanhava os sussurros. Estava chovendo, Elena sentiu resistência, mas o vento que a tomava não se importava com a chuva e, assim, a janela se abriu e, lá se foi, flutuou na chuva que caía, enquanto o vento a levava para cima em direção às nuvens.

As gotas da chuva quente e pesada caíram sobre sua cabeça, e eram tão surpreendentemente boas e refrescantes. Tentar não se molhar seria bobo, então ela apenas abriu os braços e deixou a água limpá-la e levar tudo o que precisava ir.

Essa chuva era diferente, não era fria. Eram as lágrimas que Elena tinha chorado durante todos aqueles anos, a água que veio limpar e curar todas as feridas. Essa chuva já esteve cheia de dor e agora era feita para curar.

As lembranças começaram a inundar a mente, as imagens de seu lar, os presentes feios que ela chamava de maldições. Memórias de seu quarto, de sua alegria e sua inocência e como havia perdido tudo. Com essas imagens, seu coração começou a se encher de raiva e, de repente, o que era um belo sonho foi transformado em um pesadelo. A chuva parou, o vento que a estava segurando desapareceu e ela começou a cair...

"Ajudem-me!", Elena gritou quando começou a cair atravessando as nuvens, o céu e as copas das árvores até uma caverna escura e profunda. Não era mais quente e seguro naquele lugar.

"Acorde, Elena. Você tem de acordar agora", ela começou a se beliscar, mas nada do que fazia a ajudava a terminar aquele sonho.

"Olá? Alguém aqui?", disse caminhando de um lado para o outro, mas não conseguia ver um centímetro à sua frente, estava escuro demais.

Não havia nada que ela pudesse fazer além de sentar-se quieta no escuro e esperar... nenhum lugar para se esconder, agora eram apenas ela e a escuridão.

Elena sempre teve tanto medo do escuro, ele representava um perigo, representava a dor. Todo o seu corpo tremia e era difícil respirar. Parecia que a morte finalmente tinha batido à porta dela. Ela se deitou no chão e colocou as mãos na cabeça tentando fazer tudo parar e esperando que, a qualquer momento, ela conseguisse acordar e tudo isso desaparecesse.

De repente, esse ruído voltou... Aquele sussurro que acalmava e reconfortava. Chegou naquele momento como pequenos vaga-lumes que começaram a dançar ao redor dela, milhares de vaga-lumes ligeiros se uniram para criar imagens no meio daquela caverna escura.

Como em um filme, eles começaram a mostrar imagens que lembravam Elena do que antes era seu lar. Imagens de seu quintal e as muitas cores das flores que ela manteve na mesa da cozinha.

Era tudo tão brilhante e bonito, assim como o dia em que o recebeu. Sua sala de estar estava cheia de todos os seus melhores amigos, e as pinturas ainda estavam nas paredes. A cozinha tinha todos os seus alimentos favoritos, os banheiros com seus espelhos cristalinos e toalhas cor-de-rosa e amarelas com o nome dela, e sim, lá estava, seu quarto. Estava seguro novamente. Todos os seus livros de contos de fadas e sonhos, a cama suave e sedosa e a porta de madeira, estavam todos lá de novo.

Isso trouxe um grande sorriso para o rosto de Elena enquanto observava essas imagens do que era uma vez... *Meu lugar seguro, meu lar, minha verdade.*

As imagens começaram a mudar, e tudo o que Elena podia ver era esse presente feio, parecia muito com aquele que ela havia escondido por tantos anos sob sua cama.

Tinha um envoltório escuro ao redor dele com um grande laço vermelho. Era o presente que recebeu todos aqueles anos atrás que a roubara do lugar seguro e tomara seu lar. O sussurro pareceu se tornar cada vez mais alto, até Elena começar a entender o que ele estava dizendo.

"Minha querida Elena, esse presente é diferente do que o que eu lhe dei. É um presente produzido por humanos como você. Seu embrulho muitas vezes é feio, preto e doloroso. Dói e às vezes é devastador. Contudo, é apenas um embrulho, dentro dele, ainda há um presente, algo especial que foi feito para construir, não destruir, para dar e não para tomar.

Você vê, a dor muitas vezes bate à sua porta, e toda rejeição, todo abuso, toda violência e perda, tudo isso não é nada além do embrulho, que deve ser arrancado para que o dom do amor, a compaixão e o perdão possam encontrar o caminho para seu coração, para seu lar, para sua vida.

A dor nunca foi feita para roubá-la do seu lugar seguro. Esse é o meu presente para você e ninguém tem o direito de tirá-lo. Ninguém realmente pode. O lar é seu e não importa quão longe você tenha chegado, sempre há um caminho de volta. E ficará à sua espera de braços abertos para recebê-la.

É hora de voltar para o lar...

É hora de recuperar o que é seu e o presente que lhe dei para a vida.

Chegou o tempo de parar de viver sob os telhados de outras pessoas e sempre viver de acordo com as regras delas do que é certo e errado. É hora de deixar o status de visitante e voltar para o lar, para o lugar que você possui.

Tudo o que você precisa fazer é fechar os olhos... respirar e sair lentamente.

Lembre-se de quem você é, do dia em que abriu os olhos e a vida começou a acontecer.

Sinta o seu coração batendo e a promessa que lhe fez para servi-la durante o tempo que desejar. Sinta o ar que entra nos pulmões... é a vida.

Agora, olhe para os seus olhos, olhe profundamente em seus olhos, os olhos da criança, da adolescente e agora da adulta. Tem sido uma longa jornada, faz muito tempo que você não reconhece sua força, seu poder, seu valor. Veja quão longe você chegou. Honre isso, ame isso. Olhe tudo o que você realizou, honre isso, ame isso.

Veja tudo o que você esqueceu sobre você, olhe tudo o que você deixou os outros tomarem de você. Olhe quão distante você se tornou de si mesma e quanto você deixa os outros continuarem a machucar e usar você, só porque você achou que não tinha um lar. Você se sentia como uma criança abandonada que anseia por amor mesmo quando dói, mesmo que lhe roube.

É hora, meu amor, de vir para o lar, para esse lugar dentro de você, um lugar de verdade, uma visão que pode enxergar além da expressão limitada da experiência humana. Uma visão que pode ver a alma dentro de cada ser humano. Um lugar onde toda a sabedoria, o amor e a alegria vivem. Onde ninguém pode nos tocar ou nos causar dor, um lugar onde toda dor pode se tornar amor e toda tristeza pode se transformar em gargalhadas.

A luz e a escuridão servem para um propósito, a verdade nua e crua em sua expressão perfeita. Alma, o útero para toda experiência humana, Lar... Amor.

Um lugar que não tem medo da dor, mas sabe de suas propriedades curativas e as usa como combustível para crescer e evoluir.

Seu lar a está esperando e está mais perto do que você imagina.

Tudo o que você precisa fazer para lembrar o caminho de volta é tomar a estrada da **aceitação** e do **amor** em sua jornada. Sair do caminho da vergonha e da culpa que só lhe conduz para a direção oposta. E dirija-se ao verdadeiro reconhecimento da bela alma que você é, as cicatrizes que trazem uma história de força e poder que podem ser usadas para mudar o mundo e aceitar o que a vida colocou em seu caminho, tudo isso não foi para destruí-la, foi destinado a construir e moldar uma guerreira que está pronta para assumir o controle de sua vida.

O sofrimento não tem sentido em seu caminho, ele só gera raiva e culpa. Outra estrada que apenas a leva a caminhos de tristeza, depressão e violência.

Quando realmente se entende que nós e essa bela vida sempre trabalhamos em uníssono para servi-la, nada será tão difícil de suportar. Porque não importa a dor, você terá a profunda certeza de que tudo ficará bem.

Então, minha querida, quando estiver pronta, contarei até três e, quando você abrir os olhos, verá o presente que preparei para você. Você está pronta?

Um....

dois...

três...

Meu lugar seguro, meu lar. Voltei para casa... Lar doce lar."

Eu encontrei meu caminho de volta... Encontrei meu amor sob toda a dor e ele me curou.

QUANDO REALMENTE SE ENTENDE QUE NÓS E ESSA BELA VIDA SEMPRE TRABALHAMOS EM UNÍSSONO PARA SERVI-LA, NADA SERÁ TÃO DIFÍCIL DE SUPORTAR. PORQUE NÃO IMPORTA A DOR, VOCÊ TERÁ A PROFUNDA CERTEZA DE QUE TUDO FICARÁ BEM.

CAPÍTULO 12

você tem a chave do amor

Olhando para trás, vejo todas as peças do quebra-cabeça e mesmo quando pensei que certas peças eram desnecessárias e não cabiam na minha vida, elas couberam, e fizeram toda a diferença mais tarde.

Cada ciclo da minha vida me trouxe tantos presentes, e, mesmo que eu ainda não tenha todas as peças do meu quebra-cabeça, da minha vida, há uma grande parte que já está completa e está cheia de cores. Lindos tons de branco e amarelo, rosa e roxo e outros de azul-escuro, vermelho e preto. Todos se complementam e criam o amanhecer, o amanhecer do novo dia, emergindo do escuro e trazendo luz para o céu da manhã.

Esta é a minha história, um presente que lhe dou, lembrando que, mesmo nas noites mais sombrias e nas tempestades mais fortes, o sol sempre nasce de novo, trazendo consigo acolhimento e cuidado.

Que este livro seja a esperança de que, não importa sua história ou a dor que você enfrentou, sempre há um caminho de volta para o lar.

Não sou diferente de ninguém, sou apenas um ser humano no caminho do amor. Sei que ainda tenho muito para aprender e mal posso esperar pelas próximas descobertas!

Ao contrário do ciclo da borboleta, eu sei que, como seres humanos, estamos constantemente entrando e saindo desses ciclos. Quero desfrutar de cada um sem resistir nem sofrer. Quando for hora de entrar no meu casulo novamente, quero confiar completamente que isso será para o meu bem, e que esse momento doloroso estará criando uma Dawn melhor!

A vida e todos os seus ciclos estão trabalhando em uníssono para servir ao nosso crescimento e à evolução de cada um de nós escolherá como receber esse presente. A dor não é nossa inimiga, então, quando ela vier, convide-a, compreenda-a e ouça o que ela quer dizer, receba o presente e então abra a porta e deixe-a partir.

A VIDA E TODOS OS SEUS CICLOS
ESTÃO TRABALHANDO EM UNÍSSONO
PARA SERVIR AO NOSSO CRESCIMENTO E
À EVOLUÇÃO DE CADA UM DE NÓS ESCOLHERÁ
COMO RECEBER ESSE PRESENTE.

Merecemos viver uma vida de muita alegria e amor porque, no final do dia, isso é realmente tudo o que temos! Então, não desperdice outro minuto sofrendo e se culpando.

Você é propósito, você é amor, você é alegria, você é coragem, você é força, você é beleza, você é paixão, deixe tudo isso irradiar! Permita-se manifestar a sua verdade, dar asas e observar quão alto e longe irá.

O lar mora dentro de você, a segurança vive dentro de você e você tem a chave para ir e vir como e quando quiser. Você tem a chave para libertar todo o amor e curar qualquer ferida. E você sabe qual é a melhor parte?

Você não precisa caminhar sozinho nesta jornada!

Estamos juntos nisso e de mãos dadas nos ajudaremos. Sua história é importante e ajudará os outros da mesma forma que espero que a minha história o tenha ajudado.

Deixo você com uma das minhas citações favoritas de todos os tempos, da incrível escritora Marianne Williamson:

> *Nosso maior medo não é o de sermos inadequados. Nosso medo maior é de sermos poderosos além da medida. É nossa luz, não a nossa escuridão que mais nos assusta. Nós nos perguntamos: "Quem sou eu para ser brilhante, lindo, talentoso, fabuloso?". Na verdade, quem é você para não*

ser? [...] Você, pensando pequeno, não serve ao mundo. Não há nada de generoso em você se encolher para que outras pessoas não se sintam inseguras ao seu lado. Todos nós fomos feitos para brilhar, como as crianças fazem. [...] Não está apenas em alguns de nós; está em todos. E quando deixamos nossa luz própria brilhar, inconscientemente damos permissão a outras pessoas para fazerem o mesmo. Como somos liberados de nosso próprio medo, nossa presença liberta automaticamente os outros.

Com muito amor,
DAWN WATSON

VOCÊ É PROPÓSITO, VOCÊ É AMOR,
VOCÊ É ALEGRIA, VOCÊ É CORAGEM,
VOCÊ É FORÇA, VOCÊ É BELEZA, VOCÊ É PAIXÃO,
DEIXE TUDO ISSO IRRADIAR! PERMITA-SE
MANIFESTAR A SUA VERDADE,
DAR ASAS E OBSERVAR QUÃO ALTO E LONGE IRÁ.

Este livro foi impresso
pela RR Donnelley
em papel norbrite 66,6 g.